LE PROGRAMME

DU

Parti Ouvrier

SES CONSIDÉRANTS & SES ARTICLES

PAR

Jules GUESDE et Paul LAFARGUE

CINQUIÈME ÉDITION

LILLE

Imprimerie ouvrière P. Lagrange, 28, rue de Fives

1899

Paul LAFARGUE

Jules GUESDE

LE PROGRAMME

DU

Parti Ouvrier

SES CONSIDÉRANTS & SES ARTICLES

PAR

Jules GUESDE et Paul LAFARGUE

CINQUIÈME ÉDITION

LILLE

Imprimerie ouvrière P. Lagrange, 28, rue de Fives

1899

Le programme qui fait l'objet de cette étude a été attaqué furieusement par toutes les fractions de la bourgeoisie. Et il devrait l'être, parce qu'il incarne toutes les revendications du prolétariat non seulement de France, mais du monde entier.

Mais il a constitué en quelques années le Parti ouvrier, et maintenu, propagé, il lui donnera la victoire — cette victoire dont une classe n'est capable que lorsqu'elle est arrivée, comme le Tiers-Etat en 1789, à formuler ses cahiers.

En le prenant article par article, phrase par phrase, pour en démontrer le bien fondé tant au point de que scientifique qu'au point de vue tactique, notre but a été de fournir à tous les militants du Parti — selon le vœu souvent exprimé par la Fédération socialiste du Centre — un arsenal *pour leur lutte quotidienne contre* l'ordre actuel.

J. G. — P. L.

Prison de Ste-Pélagie, le 22 octobre 1883.

LE PROGRAMME

DU

PARTI OUVRIER

PROGRAMME

Élaboré en conformité des décisions du Congrès national tenu
à Marseille du 20 au 31 Octobre 1879, adopté au Congrès
régional de la Fédération du Centre tenu à Paris du 18 au
25 Juillet 1880, confirmé par le Congrès national tenu au
Havre du 16 au 22 Novembre 1880, ratifié par le Congrès
régional de la Fédération du Nord tenu à Roubaix en
Octobre 1881, maintenu en vigueur par le Congrès national
tenu à Reims du 30 Octobre au 6 Novembre 1881, et complété
par le Congrès national tenu à Roanne du 26 Septembre au
1er Octobre 1882.

Considérant,

Que l'émancipation de la classe productive est celle
de tous les êtres humains sans distinction de sexe ni de
race ;

Que les producteurs ne sauraient être libres qu'autant
qu'ils seront en possession des moyens de production
(terres, usines, navires, banques, crédits, etc.) ;

Qu'il n'y a que deux formes sous lesquelles les moyens
de production peuvent leur appartenir ;

1° La forme individuelle qui n'a jamais existé à l'état de fait général et qui est éliminée de plus en plus en plus en plus par le progrès industriel ;

2° La forme collective dont les éléments matériels et intellectuels sont constitués par le développement même de la société capitaliste ;

Considérant,

Que cette appropriation collective ne peut sortir que de l'action révolutionnaire de la classe productive — ou prolétariat — organisée en parti politique distinct ;

Qu'une pareille organisation doit être poursuivie par tous les moyens dont dispose le prolétariat y compris le suffrage universel transformé ainsi d'instrument de duperie qu'il a été jusqu'ici en instrument d'émancipation ;

Les travailleurs socialistes français, en donnant pour but à leurs efforts l'expropriation politique et économique de la classe capitaliste et le retour à la collectivité de tous les moyens de production, ont décidé, comme moyens d'organisation et de lutte, d'entrer dans les élections avec les revendications immédiates suivantes :

A. — *Partie politique*

1° Abolition de toutes les lois sur la presse, les réunions et les associations et surtout la loi contre l'Association internationale des Travailleurs. — Suppression du livret, cette mise en carte de la classe ouvrière, et de tous les articles du Code établissant l'infériorité de l'ouvrier vis-à-vis du patron et l'infériorité de la femme vis-à-vis de l'homme ;

2° Suppression du budget des cultes et retour à la nation « des biens dits de mainmorte, meubles et immeubles, appartenant aux corporations religieuses » (décret de la Commune du 2 Avril 1871), y compris toutes les annexes industrielles et commerciales de ces corporations ;

3º Suppression de la Dette publique ;

4º Abolition des armées permanentes et armement général du peuple ;

5º La Commune maîtresse de son administration et de sa police.

B. — *Partie économique*

1º Repos d'un jour par semaine ou interdiction légale pour les employeurs de faire travailler plus de six jours sur sept. — Réduction légale de la journée de travail à huit heures pour les adultes. — Interdiction du travail des enfants dans les ateliers privés au-dessous de quatorze ans ; et de quatorze à dix-huit ans, réduction de la journée de travail à six heures ;

2º Surveillance protectrice des apprentis par les corporations ouvrières ;

3º Minimum légal des salaires, déterminé, chaque année, d'après le prix local des denrées, par une commission de statistique ouvrière ;

4º Interdiction légale aux patrons d'employer les ouvriers étrangers à un salaire inférieur à celui des ouvriers français ;

5º Egalité de salaire à travail égal pour les travailleurs des deux sexes ;

6º Instruction scientifique et professionnelle de tous les enfants mis pour leur entretien à la charge de la Société, représentée par l'Etat et par la Commune ;

7º Mise à la charge de la Société des vieillards et des invalides du travail ;

8º Suppression de toute immixtion des employeurs dans l'administration des caisses ouvrières de secours mutuels, de prévoyance, etc., restituées à la gestion exclusive des ouvriers ;

9º Responsabilité des patrons en matière d'accidents, garantie par un cautionnement versé par l'employeur dans les caisses ouvrières, et proportionné au nombre des ouvriers employés et aux dangers que représente l'industrie ;

10° Intervention des ouvriers dans les règlements spéciaux des divers ateliers ; suppression du droit usurpé par les patrons de frapper d'une pénalité quelconque leurs ouvriers sous formes d'amendes ou de retenues sur les salaires (décret de la Commune du 27 Avril 1871). ·

11° Annulation de tous les contrats ayant aliéné la propriété publique (banque, chemins de fer, mines, etc), et l'exploitation de tous les ateliers de l'Etat confiée aux ouvriers qui y travaillent ;

12° Abolition de tous les impôts indirects et transformation, de tous les impôts directs en un impôt progressif sur les revenus dépassant 3.000 fr. Suppression de l'héritage en ligne collatérale et de tout héritage en ligne directe dépassant 20.000 francs

LES CONSIDÉRANTS

I

Les dernières études sur les sociétés humaines et leurs origines nous les montrent débutant toutes par la possession en commun de la terre et de ses fruits. La propriété individuelle. lorsqu'elle apparaît. ne s applique qu'aux objets d'un *usage strictement personnel*, tels que dépouilles d'animaux ou d'ennemis vaincus, ornements, armes, etc., qui d'ordinaire sont enfouis avec le cadavre de leur propriétaire. L'*usage personnel* est, en même temps que la cause, la limite de la propriété individuelle.

La propriété individuelle de la terre et de ses fruits est de date relativement récente : soumise, en régime féodal, à des redevances de toute nature, elle ne revêt en France son caractère absolu ou bourgeois qu'avec la Révolution de 1789. C'est naturellement aux dépens de la propriété collective ou commune qu'elle s'est peu à peu constituée par la violence et par la fraude dans la série des siècles. Elle n'a cependant jamais pu absorber la totalité de la propriété collective, même dans les pays les plus *bourgeoisés*, ainsi que le prouve la survivance universelle d'un domaine public (biens communaux, forêts de l'Etat, etc.)

C'est pourquoi les considérants du programme parlent de la PROPRIÉTÉ INDIVIDUELLE COMME

N'AYANT JAMAIS EXISTÉ A L'ÉTAT DE FAIT GÉNÉRAL.
Le caractère essentiel de la propriété individuelle, l'*usage personnel* des biens possédés en
propre ou exclusivement, se maintient en période
de petite industrie. Le paysan qui travaille son
lopin de terre, le tisserand qui produit avec son
métier à bras, le graveur avec son burin, le peintre
avec ses pinceaux, le menuisier avec ses outils,
ne sont pas seulement des propriétaires *nominaux*
ou *légaux*, mais des propriétaires *réels*, puisqu'ils
usent personnellement de leur propriété, puisqu'ils
manient eux-mêmes les instruments qu'ils possèdent. La propriété est soudée au propriétaire.
elle s'identifie avec lui ; sa productivité dépend de
l'habileté et de l'énergie de ce dernier qui ne
peut, sans l'affecter, se croiser les bras, vieillir ou
s'affaiblir. Le propriétaire joue alors un rôle utile
dans la production.

Mais à mesure que la propriété foncière s'agran-
dit et que l'industrie se transforme et se machinise,
le caractère *usager*. *réel* et *utile* de la propriété
individuelle tend à disparaître. Quand le lopin de
terre du paysan devient un bien-fonds de cent , de
deux cents hectares et plus, ce n'est plus le propriétaire qui cultive : ce sont des métayers, des
fermiers, des valets de ferme, des journaliers.
Quand le métier à bras devient métier mécanique,
la scie à main, sie mécanique circulaire ce n'est
plus le propriétaire qui tisse ou qui débite le bois;
il emploie à ce travail des salariés. La propriété
n'est plus que *légale* ou *nominale* le propriétaire
en perdu l *usage personnel ;* il n'est plus soudé
à la propriété dont la productivité est indépen-
dante de ses qualités personnelles et cesse d'être
affectée par son oisiveté, sa vieillesse ou ses infirmités. Le propriétaire ne joue plus aucun rôle

dans la production. Il ne fait plus que *voler les* producteurs, ceux qui, ayant l'*usage* de la propriété, devraient en être les propriétaires *nominaux* ou *légaux* et dont le travail doit non seulement reproduire l'équivalent de ce qu'ils consomment quotidiennement. mais créer à son bénéfice une *plus value* ou des *profits* d'autant plus considérables que les salariés sont plus nombreux et plus exploités.

Transformé en simple *voleur de profits*, le propriétaire *nominal* ou *légal* peut être indifféremment remplacé, Dollfus par Rothschild, Schneider par Ménard-Dorian, sans que pour cela la propriété .devienne moins productive. Il peut même .cesser d'être un être réel pour devenir une raison sociale — Cail et Cie — ou une collectivité d'actionnaires ou d'obligataires : c'est ce qui exite pour les mines, les chemins de fer, les hauts-fourneaux, dont les titres de propriété, devenus *impersonnels*, peuvent, sans conséquences aucunes, circuler de mains en mains, et changer à la bourse, dans une même journée, plusieurs fois de propriétaires *légaux*.

C'est la fin du caractère individuel de la propriété, ou comme disent les Considérants, c'est LA FORME INDIVIDUELLE DE LA PROPRIÉTÉ DE PLUS EN PLUS ÉLIMINÉE PAR LE PROGRÈS INDUSTRIEL.

Ce même progrès qui élimine la forme individuelle de la propriété, élabore une forme supérieure de propriété collective dont il constitue, dans le sein même de la société capitaliste, les éléments matériels et intellectuels

Quand la charrue à vapeur n'existait pas, ni les moissonneuses. ni les batteuses, ni les autres instruments aratoires mécaniques, le champ pouvait demeurer petit et, comme tel, être approprié individuellement. Mais avec le machinisme agricole, il n'y a plus place que pour de vastes territoires formés des ex petits champs agglomérés. La concentration terrienne s'opère et s'impose, qui permet et appelle l'appropriation sociale du sol,— sans compter qu'entre les mains de sociétés anonymes la propriété foncière devient de plus en plus une *co-propriété indivise*, c'est-à-dire commune.

Même transformation — et plus rapide encore — dans l'industrie : au métier à bras, au rouet à filer, à la scie à main et autres outils presque domestiques qui pouvaient être appropriés individuellement, ont succédé des filatures, des scieries et des tissages mécaniques qui agglomèrent des dizaines de scies, des centaines de métiers, des milliers de broches. C'est la concentration industrielle, préface de l'appropriation sociale des grands organismes manufacturiers qui à l'heure actuelle même, cessent de plus en plus d'être des propriétés d'un seul pour devenir des *co-propriétés indivisées* et *indivisibles*. Essayez donc de déterminer la propriété individuelle de chacun des porteurs d'actions dans la masse des wagons, des locomotives, des gares et autres parties de cet outillage collectif qui représente un chemin de fer !

Cette concentration, qui est la loi du commerce comme de l'industrie et de l'agriculture, et l'espèce de collectivisme actionnaire qu'elle entraîne, sont LES ÉLÉMENTS MATÉRIELS DE LA FORME COLLECTIVE DE LA PROPRIÉTÉ dont les Considérants parlent comme FOURNIS PAR LE DÉVELOPPEMENT MÊME DE LA SOCIÉTÉ CAPITALISTE.

Le petit champ, l'outil étaient des instruments d'un usage individuel, — c'est-à-dire qu'un individu suffisait à les mettre en mouvement ou en valeur. Mais une grande propriété foncière, un tissage, une filature, une scierie mécanique, sont des instruments d'un usage nécessairement collectif, — c'est-à-dire que pour fonctionner ils réclament la coopération d'une collectivité d'ouvriers.

Tandis que le paysan-propriétaire devait être à lui-même son unique agent, — labourer, ensemencer, moissonner et dépiquer le grain, tailler la vigne, vendanger et fabriquer le vin : tandis que l'ouvrier individualiste, comme l'ébéniste devait choisir son bois, dessiner son meuble, en façonner et en assembler les pièces, dans l'agriculture et dans l'industrie *machinisées*, toutes les opérations, divisées et subdivisées, sont accomplies simultanément par des ouvriers parcellaires. La grande culture veut des chimistes pour l'analyse des terres et des engrais ; des mécaniciens pour la conduite de la charrue à vapeur : des spécialistes pour le choix des semences, etc. Un atelier mécanique ne peut se passer de directeurs, de comptables, de chauffeurs, d'hommes de peine, de contremaîtres, etc. Chacun de ces producteurs ne peut fabriquer à lui seul le produit tout entier, mais tous coopèrent à sa production dans une proportion indéterminée — et indéterminable. Comment reconnaître dans un mètre de drap la part du mécanicien, du chauffeur, du contre-maître, du directeur, de l'homme de peine, pour ne rien dire du tisseur? — Et cependant tous ces ouvriers sont à des titres divers également nécessaires à la production du mètre de drap. Bien que — ou plutôt *parce que* — de catégories différentes, ils sont indispensables les uns aux autres, tellement indispensables qu'aucun ne saurait s'acquitter de

sa tâche à son heure et à sa fantaisie. Impossible
au chauffeur le plus anarchiquement *libertaire*
d'arriver à dix heures alors que dès six ou sept
heures, les tisseurs sont à leur métier attendant
que la vapeur les mette en marche Il faut n'avoir
aucune notion de la production moderne pour
s'imaginer que, non seulement en régime capita ·
liste, mais à aucune époque, la fantaisie individuelle pourra trouver place dans un atelier mécanique et livrer au caprice d'un chacun le travail
de tous à commencer ou à suspendre. A la porte
de cet atelier, le travailleur, qu'il soit directeur,
mécanicien ou homme de peine, dépose sa volonté
ou son individualité pour n'être plus qu'un rouage
plus ou moins automatique, plus ou moins important, d'un mécanisme immense qui le domine et
le fait mouvoir.

· La nécessité du travail collectif ou en commun
et la dépendance mutuelle des différents travail-
leurs, constituent autant d'ÉLÉMENTS INTELLEC-
TUELS DE LA FORME COLLECTIVE DE LA PROPRIÉTÉ
QUI SURGISSENT DU DÉVELOPPEMENT MÊME DE LA SO-
CIÉTÉ CAPITALISTE : mais ils ne sont pas les seuls

Un des phénomènes les plus caractéristiques de
la production moderne est la direction des forces
productives passée à des non-propriétaires ou prolétaires, ingénieurs, chimistes, directeurs, contremaîtres, chefs-d'équipes, etc, tout l'*état-major* de
l'industrie, en un mot, est recruté dans la masse
même des salariés. A quelque degré de culture
scientifique qu'ils soient parvenus, quelle que
puisse être leur valeur personnelle, tous ces dirigeants économiques ne sont que des salariés au
même titre que les travailleurs auxquels ils commandent et dont ils ne se distinguent que par le
chiffre de leur salaire — et par leur morgue. Mais

toute l'insolence de laquais dont la plupart peuvent faire preuve vis-à-vis de leurs collaborateurs à cinq ou six francs par jour n'empêche pas qu'ils ne soient comme ces derniers à la merci des propriétaires ou des financiers oisifs dont le bon plaisir fait loi pour eux comme pour les autres. Et, par le fait que les ÉLÉMENTS INTELLECTUELS de la production sont comme les éléments musculaires fournis par le prolétariat, du jour au lendemain la classe entière des propriétaires peut disparaître, leurs propriétés être collectivisées ou socialisées, sans que la production en reçoive le moindre dommage.

En d'autres termes et pour nous résumer : les sociétés humaines, débutent par la propriété commune ou collective. La propriété individuelle commence par les objets d'un usage tout personnel (ornements, armes, etc.) continue par la maison, la terre, les outils, le capital et n'aboutit à sa forme absolue, qu'avec l'avènement de la bourgeoisie au pouvoir social, sans que cependant la propriété collective primitive, disparaisse jamais entièrement.

La propriété individuelle, à mesure qu'elle s'étend et se machinise, dépouille le propriétaire *nominal* ou *égal* de l'*usage* de sa propriété et le transforme en voleur des salariés, qui eux, ont l'usage de cette propriété qu'ils sont seuls à faire produire.

La propriété individuelle perd ainsi toute raison d'être.

D'autre part, à mesure qu'elle s'étend et se machinise, l usage de cette propriété devient de plus en plus collectif. Il exige des collectivités de travailleurs manuels et intellectuels et donne lieu à

une forme nouvelle et supérieure de propriété
collective ou sociale qui se constitue aux dépens
de la propriété individuelle, comme la propriété
individuelle s'est constituée, aux dépens de la
première propriété collective, et avec la même
nécessité.

II

C'est parce que les moyens de production (usines,
terre, magasins) deviennent de plus en plus col
lectifs dans leur usage et continuent à être individuels dans leur mode d'appropriation que l'on
aboutit au double résultat des produits s'accumu-
lant entre les mains des propriétaires non producteurs (*capitalistes*) et de la misère des producteurs non propriétaires augmentant avec leur
production.

Par cela seul qu'ils ne possèdent pas l'outillage
qu'ils mettent collectivement en valeur, toutes
les richesses qu'ils créent échappent aux travailleurs, lesquels n'entrent dans la jouissance de
leur produit que pour leurs frais d'entretien et
de reproduction. Et ces frais d'entretiens et de
reproduction, que représente le salaire, les propriétaires oisifs tendent toujours et nécessaire
ment à les réduire parce que c'est le seul moyen
d'accroître leurs profits.

C'est ainsi qu'ils allongent, le plus possible. la
journée de travail et qu'ils l'avait allongée à
un tel point que même, les gouvernements bourgeois, ont dû intervenir par des lois, pour limiter
cette dilapidation de la force travail ouvrière.
Dans la lutte ou concurrence qui sévit entre les
industriels, la victoire est à ceux qui auront

extrait le plus de travail non payé à leurs ouvriers
parce que, leur prix de revient ainsi diminué,
ce sont eux qui pourront livrer à meilleur marché
et monopoliser la clientèle. Impossibilité par suite
pour un « bon patron », s'il en existait, d'améliorer au-delà d'une certaine mesure presque déri-
soire la situation de ses machines humaines.
Mais loin de se préoccuper d'une pareille amélioration, c'est à qui dans la classe patronale, repro-
chera aux salariés leur paresse et les accusera
de ruiner — par leurs exigences — l'industrie
nationale.

C'est ainsi encore que pour abaisser les frais de
main-d'œuvre les fabricants n'ont pas laissé pierre
sur pierre du foyer domestique ouvrier, prenant
l'enfant après avoir pris la femme et les exténuants
dans leurs bagnes. Femme et enfant étaient des
outils à meilleur marché que l'homme, et voilà
pourquoi ils ont été entraînés, de gré ou de force
dans l'engrenage industriel, alors que, pour mas-
quer les hideurs de l'exploitatation capitaliste ne
respectant ni sexe ni âge, la philantropie bourgeoise ne parlait que d'accroître le bien-être de la
famille ouvrière.

Les perfectionnements introduits dans le machinisme manufacturier n'ont pas un autre mo-
bile. En simplifiant le travail dont ils augmentent
en même temps la productivité, ils permettent aux
employeurs de faire l'économie d'une partie de
leur personnel et de remplacer l'ouvrier habile —
et comme tel payé davantage — par le manœu-
vre, et l'homme par la femme et l'enfant. Chassés
de l'atelier par la machine et ses perfectionnements, les ouvriers mis en retrait d'emploi sont
amenés par la faim à travailler à tous prix et servent de la sorte malgré eux d'instruments à

l'abaissement du salaire de leurs camarades res-
tés en activité. Le résultat final est une *surpopulation industrielle*, *armée de réserve*, pour les
époques de travail à haute pression, à l'aide de
laquelle, aux époques ordinaires, les salaires peuvent être rognés et la journée de travail augmen-
tée. Et quand cette *surpopulation industrielle
nationale* ne suffit pas, n'ayez crainte : il restera
toujours au patron, pour qui il n'existe pas de
délit d'internationalisme, la ressource dont il use
et abuse de plus en plus de recourir à l'étranger
et de puiser dans le *réservoir* des meurt-de-faim
de Belgique, d'Italie, d'Allemagne — et de Chine
au besoin — les bras dont il a besoin pour avilir
le prix de la main-d'œuvre et affamer ses compatriotes.

La machine universalisée, développée, *auto-
matisée*, qui a centuplé avec les produits, les profits patronaux, n'a apporté aux producteurs salariés qu'un surcroît de travail et de privations.
Plus ces derniers ont créé de richesse pour leurs
maîtres, plus ils ont créé de misère pour eux-
mêmes. L'écart a été en augmentant entre ce
qu'ils produisaient et ce qu'ils pouvaient consommer, leur salaire limité, à ce qui leur était indispensable pour vivre, les mettant dans une impossibilité d'autant plus grande, de racheter leur
produit, que leur production était plus considé-
rable.

L'instruction professionnelle et autre qui va se
généralisant n'agira pas différemment. En per-
fectionnant l'outillage humain, que constitue la
classe ouvrière en le rendant capable d'accomplir la même quantité et la même qualité de travail en moins de temps, et avec un nombre moin-

dre de bras, elle ne multiplira les produits
qu'aux dépens des producteurs voués à de nouveaux chômages

Et il en sera de même de tous les progrès,
dans quelque ordre que ce soit, qui se retour-
neront, contre les travailleurs aussi longtemps,
que le salariat les réduira au rôle d'instruments
entre les mains des détenteurs des instruments
de travail. c'est-à-dire — ainsi que l'expriment
les Considérants du programme — aussi longtemps qu'ils ne seront pas EN POSSESSION DES
MOYENS DE PRODUCTIONS (terre, usines, navires.
banques, etc.)

LA CLASSE PRODUCTIVE SANS DISTINCTION DE SEXE
NI DE RACE NE SERA LIBRE(1) c'est-à-dire maîtresse

(1) La classe ouvrière ne sera d'ailleurs pas seule à trouver
sa liberté dans cette transformation qui ÉMANCIPERA TOUTE LA
SOCIÉTÉ ainsi qu'il est dit dans les Considérants. Les privilégiés
de l'ordre actuel — les capitalistes — peuvent se croire libres
aujourd'hui ; mais le sont-ils réellement ? Ils ne disposent même
pas de leur personne toujours menacée et quelquefois atteinte
par les épidémies : typhus, choléra etc. qu'engendrent et que
véhicule la misère de la classe ouvrière. Leur liberté politique
n'est pas mieux assurée par suite des forces aveugles, passives
que sous la forme armée magistrature police, il faut entretenir et accroître contre les « ruades » de la masse et qui se
prêtent à tous les 18 brumaire et à tous les 2 décembre. Et
quant à leurs biens, — à ces biens aussi mal acquis que considérables auxquels ils se cramponnent comme des naufragés
aux débris de leurs navires. — ne leur échappe-t-il pas de plus
en plus par le fait des conversions — ces banqueroutes partielles
— des krachs à la Bontoux Fœder, des notaires au *pied léger,*
et des *dévorantes* à la Nana — cette revanche de la prostitution
imposée aux filles et aux femmes du prolétariat ?
Mais quoique la classe bourgeoise décimée par les faillites

d'elle-même et de tout ce qui existe et est né de ses œuvres, que lorsqu'elle aura détruit l'appropriation individuelle des moyens de production et lui aura substitué l'appropriation collective ou sociale.

III

Cette socialisation ou collectivisation des moyens de production déjà devenue d'un usage collectif, ne pourra s'accomplir que par l'EXPROPRIATION DE LA CLASSE CAPITALISTE.

Les révolutionnaires — car il y en a — qui évitent de prononcer le mot d'expropriation, pour ne pas effaroucher les masses, prétendent-ils, comme les socialistes qui ont peur de la chose et essayent de la remplacer par la concurrence communale ou par des services publics, n'ont pas vu ou voulu voir.

1° Que l'expropriation est la loi de toutes les transformations dans la société capitaliste ;

2° Que l'expropriation dont il s'agit est tous les jours rendue plus facile par le développement naturel et nécessaire de l'ordre actuel ;

(plus de 6.000 par an) et ruinée par les crises de surproduction soit appelée à bénéficier autant que la classe ouvrière de la société collectiviste ou communiste, il n'y a pas à compter sur elle pour travailler à son établissement, pas plus que la noblesse qui devait cependant, en tant que propriétaire, bénéficier de la révolution de 89 n'a, je ne dis pas favorisé. mais « laissé passer » cette révolution.

Les classes privilégiées se sont toujours montrées incapables de sacrifier leurs intérêts immédiats et apparents à l'intérêt réel et durable de leurs membres. Il a fallu les affranchir malgré elles, révolutionnairement.

3° Quelle sera seule compensatrice pour les expropriés ;

4° Qu'elle est imposée de plus en plus par les conditions de la production.

Le progrès industriel, qui est le dieu du siècle, a eu pour effet, d'exproprier les artisans d'autrefois, travaillant à domicile, pour leur compte, avec des outils leur appartenant :

1° De leurs instruments de travail, inutilisés entre leurs mains et transformés en bois à brûler (rouet, rabot, métier, etc.) ;

2° De leur habileté technique représentant des années d'apprentissage et annulée par la machine-outil ;

3° De leur foyer domestique vidé au profit des usines que peuplent la femme et l'enfant ;

4° Des fruits de leur travail centralisés et encaissés sous le nom de *profits* ou de *dividendes*, par les employeurs individuels ou collectifs (patrons. actionnaires, obligataires, etc.).

Telle est la marche de la production moderne qui ne bâtit que sur les ruines, la ruine des petits par les gros, et cela dans toutes les branches de l'activité humaine ; — la prospérité de magasins montres comme le *Louvre* et le *Bon Marché* étant faite de la faillite de quantité de petites boutiques, comme le succès d'un Creusot ou d'un Fives-Lille est composé de la déconfiture de centaines de petites forges.

L'expropriation que réclame et poursuit le programme du Parti ouvrier est, au contraire, celle des gros au profits des petits. C'est l'expropriation de la minorité spoliatrice au bénéfice de la majorité spoliée. C'est pour tout dire en un mot — *l'expropriation des expropriateurs,*

Les expropriateurs de la masse, qu'il s'agit simplement de *faire restituer* et dont le nombre va tous les jours se restreignant par la concurrence mortelle qui sévit entre eux, ont rendu plus que possible, facile la tâche du Parti ouvrier, en se désintéressant de la production, à laquelle ils sont devenus aussi étrangers que le Grand-Turc. Ce n'est pas eux qui dirigent cette dernière, mais une élite de salariés ; et leur dépossession sera de nul effet sur les chemins de fer, les mines, les hauts-fourneaux, les raffineries, les filatures, les tissages, etc., qui continueront à fonctionner comme auparavant,

Cette expropriation d'autre part sera seule compensatrice. Toutes les autres, opérées jusqu'à présent, l'ont été sans indemnité aucune. Où est l'indemnité des tisseurs à la main expropriés par les tissages mécaniques ? ou l'indemnité des voituriers et camioneurs expropriés par les chemins de fer ? ou l'indemnité des porteurs d'eau expropriés par les compagnies générales des eaux ? ou l'indemnité des merciers, chemisiers, cordonniers, tapissiers, etc., expropriés par les bazars à la Boucicault et à la Jaluzot ?

L'expropriation sociale sera marquée, elle, par une série de services réellement publics, en faveur de l'enfance, de la vieillesse et contre la maladie, etc., qui seront appelées à jouir, comme les autres, ses victimes nominales, c'est-à-dire les ci-devant capitalistes, admis d'ailleurs à la copropriété de l'ensemble des moyens de production et d'échange à une part égale — à travail égal — dans les fruits de la production commune.

Cette expropriation sociale que le Congrès national de Roanne, complétant l'œuvre de Marseille et du Havre, a eu la gloire d'insérer en

toutes lettres dans les Considérants du programme, n'est pas seulement motivée par le sur-
travail et la misère que la propriété privée ou capitaliste des moyens de production engendre pour
la classe des travailleurs. Elle surgit, comme une
nécessité économique, du fait de ces moyens de
production, sous l'action de la mécanique et de
la vapeur, sont devenus tellement puissants que
leurs propriétaires individuels ne suffisent plus à
les diriger et à les contrôler Ils dominent ces
derniers, incapables de proportionner les produits aux besoins de la consommation, et les
obligent à encombrer le marché et à ouvrir ces
crises décennales de surproduction qui, plus
meurtrières qu'une grande guerre ou qu'une épi-
démie, bouleversent l'organisme social tout entier,
et ne pourront être prévenues et empêchées que
par une société maîtresse de ses instruments de
travail et des fruits du travail social.

IV

Mais *l'expropriation, pour cause d'utilité
publique,* des *expropriateurs pour cause d'utilité privée* est subordonnée à la prise de possession
du pouvoir politique, par la classe productive
constituée en Parti ouvrier. L'EXPROPRIATION
POLITIQUE ou gouvernementale de la bourgeoisie,
qui ne défend sa propriété volée, qu'à l'aide de
l'Etat occupé par elle, doit procéder son EXPRO-
PRIATION ÉCONOMIQUE, ainsi que l'indiquent nos
Considérants.

Sur ce terrain encore, la tâche de la classe
ouvrière a été considérablement simplifiée par les
événements. Autrefois — il n'y a pas de cela plus

de trente ans — la haute bourgeoisie trouvait
dans la petite bourgeoisie laborieuse et florissante
un bouclier et une épée à la fois contre les soulè-
vements ouvriers. En 1848, la classe moyenne,
non seulement de Paris mais des départements,
marcha comme un seul homme, contre les
insurgés de Juin. En échange de ce service — qui
n'était rien moins que le salut — que firent les
nouveaux seigneurs du capital? ils mirent leurs
alliés et sauveurs en coupe réglée. Le grand commerce étrangla les petits boutiquiers, la grande
industrie tordit le cou aux petits industriels, la
finance vida les poches des petits — et même
moyens — capitalistes. Non-seulement la petite
bourgeoisie n'est plus là, pour couvrir la grande
contre l'action révolutionnaire du prolétariat,
mais elle a, par sa déposession continue, été
rejetée dans les rangs de l'ennemi. En 1871, sur
les deux cents et quelques mille suffrages qui
étayèrent le mouvement anti-bourgeois du 18
Mars, plus de la moitié appartenant au petit
commerce et à la petite industrie. La petite
bourgeoisie de province, sympathisa en masse
avec l'insurrection parisienne ; dans plusieurs
villes elle l'appuya par les armes, en même temps
qu'à Paris, pour la première fois, des bourgeois
allaient au feu sous le commandement d'ouvriers.

En 1848, les gardes nationales de Paris et des
départements massacrèrent à l'envi les « parta-
geux ». En 1871, malgré ses appels réitérés, malgré l'appat d'une paye extraordinaire, Thiers,
garanti par Louis Blanc, Greppo et autres
Langlois, ne put entraîner une seule Compagnie
de la milice citoyenne à apporter sa part de plomb
contre les « communards » parisiens, ainsi que
les dépêches appelaient les fédérés.

La haute bourgeoisie, qui ne sait ni ne peut se défendre elle-même dut se reposer de cette besogne sur des policiers, des gendarmes et des soldats prisonniers que, moyennant la livraison de l'industrie française, lui faisait passer Bismarck, l'allié de Versailles dans l'écrasement du Paris prolétarien.

Alors que la haute bourgeoisie n'avait pas perdu toute virilité et qu'elle faisait corps avec la petite, elle réclamait l'organisation de la garde nationale. Elle se faisait gloire de défendre elle-même ses biens et ses personnes ; et pour avoir mis en question sa puissance en matière d'ordre intérieur, la dynastie des Bourbons avait dû, en 1830, prendre pour toujours le chemin de l'exil. Aujourd'hui sa lâcheté est telle que, ne se sentant plus soutenue par les petits bourgeois, ses dupes et ses victimes, elle a exigé, comme première condition de sécurité, le licenciement de toute garde nationale, bien que la garde nationale n'ait été et ne puisse être qu'une milice bourgeoise, étant donnés les loisirs dont il faut disposer pour jouer au soldat. Ce licenciement est d'autant plus significatif qu'il a été effectué en régime républicain.

Pour sauvegarder le produit de ses vols accumulés, il ne reste à la haute bourgeoisie, à la classe capitaliste, que la police et l'armée. Mais la police, dont des casse-tête peuvent suffire contre les manifestants inoffensifs, est de toute impuissance contre les combattants. Et quant à l'armée, si elle est encore protection aujourd'hui, elle sera danger demain. En encadrant successivement toute la population valide, elle façonne les ouvriers au maniement des armes et aux opérations d'ensemble ; c'est-à-dire qu'elle fait des

soldats instruits et disciplinés pour la prochaine
révolution ouvrière:

Une RÉVOLUTION seule, en effet, — comme
l'affirment les Considérants du programme —
permettra à la classe productive de s'emparer du
pouvoir politique et de le faire servir à l'expropriation économique de la petite France capitaliste et à la nationalisation ou socialisation des
forces productives (1).

Cette révolution inévitable ne sera déterminée
ni par des déclarations à la dynamite ni par
d'héroïques folies individuelles, ni par des colle-
tages locaux avec la police, ni par des prises
d'armes partielles. Elle ne sera pas davantage
conjurée ou retardée par des chinoiseries politico-
économiques des meneurs du radicalisme et du
possibilisme, ou par les réformes ouvrières qui
s'imposent même à l'État bourgeois. Elle jaillira
des complications politiques internationales et
des perturbations fatales qu'élaborent le déve-

_____

(1) Afin d'éviter toute fausse interprétation, nous devons faire
remarquer que le lendemain de la révolution ouvrière il ne
sera possible d'exproprier que les possesseurs de moyens de
production d'un usage collectif, tels que grands propriétaires,
fonciers, maîtres d'usines, de hauts-fourneaux, actionnaires et
obligataires de banques, de chemins de fer, de mines, de pa-
quebots etc. Aucun gouvernement révolutionnaire ne pourra,
ni ne voudra exproprier le paysan cultivateur de son petit
champ, le graveur de ses burins, l'ébéniste de ses rabots et de
ses maillets; mais un gouvernement révolutionnaire qui sera à la
hauteur de sa tâche les débarrassera des usuriers et des
marchands qui les dépouillent et les aidera dans leur travail, si
pénible et si peu rénumérateur, jusqu'à ce qu'il parvienne à le
convaincre, par l'exemple de la supériorité de la production
collective sur la production individuelle.

loppement industriel de l'Europe et la concurrence agricole de l'Amérique et de l'Australie.

S'il n'est donné, nous ne diront pas seulement à aucun homme, mais à aucun parti, de précipiter ou de conjurer une révolution comme celle que porte dans ses flancs le XIXe siècle, un parti conscient de la transformation économique à accomplir pourra en prendre la direction. C'est à ce rôle qu'est appelé et que sera apte le Parti ouvrier tel qu'il est sorti des Congrès nationaux de Marseille, du Hâvre et de Roanne.

Au 24 février 1848 et au 4 septembre 1870, les travailleurs inconscients laissèrent les bourgeois du Gouvernement provisoire et de la Défense dite nationale s'installer dans la place encore chaude du roi et de l'empereur de leur caste. Lorsque enfin, las de ne rien voir venir et désillusionnés, ils s'armèrent pour réclamer leur dû, aussi bien en mars 1871 qu'en juin 1848, il était trop tard. On le leur fit bien voir Les nouveaux gouvernants (qui n'étaient qu'une nouvelle couche de posssédants avaient eu le temps de se fortifier et de grouper autour d'eux les fractions naguère aux prises de la classe capitaliste ; ils étaient tellement en mesure de noyer dans le sang les revendications ouvrières qu'ils prirent en réalité les devants et provoquèrent eux-mêmes l'explosion, soit par la fermeture des ateliers nationaux, soit par l'attaque nocturne contre les canons de Montmartre.

Ni en 1848 ni en 1870, le prolétariat n'était prêt à prendre la direction de la révolution Capable de vaincre, il était incapable de profiter de la victoire, parce qu'il n'avait ni programme ni organisation, En admettant même qu'il fût resté maître de Paris, il n'eût pas trouvé, dans les départements laissés à leur autonomie, l'appoint nécessaire, en même temps qu'il n'eût su quelles transformations économiques réaliser. Son arrivée au pouvoir n'eût eu d'autre résultat que de faire éclater son impuissance. Il n'eût triomphé que passagèrement. Le difficile en période révolutionnaire n'est pas de s'emparer du pouvoir, mais de le conserver.

Le prolétariat, maître du pouvoir, ne le conservera qu'autant que les centres industriels seront debout et s'appuieront mutuellement ; qu'autant que dans ces centres industriels — qui constituent notre armée active ou de première ligne — il se trouvera des hommes sachant ce qui doit être fait — et le faisant

Ce qu'il faut pour cela, c'est que d'un bout de la France à l'autre les têtes pensantes de la classe ouvrière soient familiarisées avec l'œuvre d'expropriation capitaliste et d'appropriation nationale qui leur incombera dans un avenir chaque jour plus proche ; c'est qu'elles soient en même temps d'accord sur une première série de transformations à opérer immédiatement.

De là le programme élaboré dans les grandes assises prolétariennes de Marseille, du Hâvre et de Roanne, unique comme le but à poursuivre et comme la méthode à employer, aussitôt l'État entre nos mains.

C'est à répandre ce programme que s'est consacré le Parti ouvrier, qui n'est et ne peut être qu'une espèce de *sergent instructeur et recruteur*, recrutant et instruisant par tous les moyens : propagande parlée (réunions et conférences), propagande écrite (livres et journaux), propagande *agie* (grèves, pétitions, scrutins, etc.)

S'il est entré dans les élections, en effet, ce n'est pas pour y tailler des sièges de conseillers ou de députés, qu'il abandonne aux hémoroïdes des bourgeois de tout acabit, mais parce que les périodes électorales livrent à notre action éducatrice la partie de la masse la plus indifférente et la plus réfractaire aux réunions dans les temps ordinaires ; parce que, d'autre part, elles obligent à payer de leur personne et à se montrer dans leur mauvais vouloir ou dans leur impuissance les chefs de la bourgeoisie, auxquels leur rôle de candidats ne permet plus de se dérober.

Et si, par hasard, quelques-uns des nôtres devaient forcer les portes des assemblées représentatives, ce ne serait que pour continuer de plus haut leur propagande expropriatrice et collectiviste ou communiste, et mettre au pied du mur — de leur propre mur parlementaire — nos bourgeois dirigeants qui ne font qu'un avec nos bourgeois possédants.

LES ARTICLES

Partie Politique

Art. 1. —Abolition de toutes les lois sur la presse, les réunions et les associations et surtout de la loi contre l'Association internationale des travailleurs. — Suppression du livret, cette mise en carte de la classe ouvrière, et de tous les articles du Code établissant l'infériorité de l'ouvrier vis-à-vis du patron et l'infériorité de la femme vis-à-vis de l'homme.

C'est au nom de la *liberté*, de toutes les libertés, que la bourgeoisie a fait sa révolution à la fin du siècle dernier. Elle est la première à le crier par dessus les toits, et elle ne saurait par suite trouver mauvais qu'après avoir attendu quatre-vingts et quelques années, on la mette en demeure de s'exécuter.

Mais pour qu'il y ait réellement liberté — en matière de presse, il ne suffit pas de codifier les lois existantes ou de supprimer la « garantie pécuniaire » du cautionnement avantageusement compensé par les capitaux énormes qu'exige le journalisme moderne, ou de remplacer, dans la connaissance des prétendus crimes ou délits, les tribunaux correctionnels par le jury, le *jury à merveille* de Riom, de Moulins et de Paris ! Ce qu'il faut, c'est l'abolition de toutes les lois *contre* ou *sur* la presse, à commencer par la loi sur la diffamation qui n'admet pas la preuve des faits allégués et permet ainsi aux patrons de battre monnaie sur le dos des ouvriers assez courageux pour dénoncer leurs abus de pouvoirs (1).

Pour qu'il y ait réellement liberté — en matière de réunion, — il ne suffit pas de substituer le régime de la déclaration préalable au régime de l'autorisation et de permettre les meetings dans un local clos et couvert en les interdisant sur la voie publique. — Ce qu'il faut, c'est l'abolition de toutes les lois qui subordonnent à des conditions de lieu, de temps et de nombre, l'exercice d'un droit aussi élémentaire que celui de se réunir.

Pour qu'il y ait réellement liberté — en matière d'association — il ne suffit pas d'admettre, sous la forme particulière des syndicats, le travail à l'usage d'un droit dont a toujours joui le capital, en intervenant administrativement, soit dans leur composition, soit dans leur règlement, et en les enfermant dans des frontières corporatives ou nationales. — Ce qu'il faut, c'est l'abolition de toutes les lois sur les associations, y compris et surtout la loi contre l'Association internationale des travailleurs.

Cette dernière loi, qui vient de donner lieu, à Lyon à une monstrueuse distribution de cent cinquante années de prison, a pu être comparée, dans l'Assemblée même qui l'a inventée, à la *Révocation de l'Edit de Nantes*. Un centre gaucher, M. Ber-

---

(1) C'est à l'aide de cette loi que les fabricants du Nord ont pu, en plein succès, tuer, sous les amendes et les dommages-intérêts, le vaillant organe ouvrier de Lille, le *Forçat*, et obliger de s'expatrier le gérant de ce journal, secrétaire de la Fédération du Nord, notre ami Henri Carrette.

thaud, l'a assimilé à « l'ostracisme des Grecs,» et à « l'interdiction de l'eau et du feu de l'ancien droit romain ». Elle met, en effet, la classe ouvrière tout entière en dehors de l'action internationale qui s'impose de plus en plus comme la condition de toute vie au XIXᵉ siècle. Enfermée, *ligotée* dans l'étroitesse des frontières nationales, devenues une véritable camisole de force, la France du travail, isolée de toute entente avec les travailleurs des autres pays, est livrée sans défense à toutes les spéculations internationales de la France capitaliste (introduction de bras étrangers, de machines étrangères, transfert d'industrie à l'étranger, etc. etc.).

Mais à cela ne se borne pas notre article 1ᵉʳ. La liberté n'est pas la seule « conquête de 89 » dont fassent parade nos bourgeois. Ils prétendent avoir apporté au monde l'*égalité civile*. En vertu de cette égalité dont ils se réclament, nous avons donc le droit — et le devoir — de leur demander la suppression immédiate du « livret » et de tous les articles du Code établissant l'infériorité de la classe ouvrière vis-à-vis de la classe patronale.

Le livret, qui assimile le producteur de toutes richesses à la fille publique, est, comme la loi contre les coalisations, un legs de la « grande Révolution. » En même temps qu'elle abolissait « la marque » pour les galériens, la philanthropie bourgeoise l'instituait pour les travailleurs. La forme seule était changée, Mais au moyen du livret, obligatoire pour quiconque était réduit à vivre de la location ou de la vente de sa force-travail, aucun mouvement de la vie ouvrière n'échappait à l'œil de la police. Pour passer non seulement d'une localité à une autre, mais d'un patron à un autre patron dans la même ville, d'ouvrier était astreint à un *visa* — qu'il n'était même pas sûr d'obtenir.

Quant à l'usage véritablement meurtrier, que les patrons ont fait de cette « carte » imposée à toute une classe, il est trop présent à la mémoire de tous et trop établi par des exemples de tous les jours, pour qu'il puisse être utile d'y insister longuement. Signé d'une certaine façon, le livret équivaut, pour celui qui en est à la fois le porteur et la victime, à l'expulsion de tous les ateliers. C'est un arrêt de mort, — de la pire des morts, la mort lente par la faim, — que l'ouvrier, parce qu'il aura dans une grève fait preuve de dignité de courage ou de solidarité, est chargé lui-même de se faire exécuter par les nouveaux patrons à la porte desquels il lui faudra frapper, et frapper inutilement.

Mais pour en finir avec le livret, il faut autre chose que le simple rappel de la loi qui l'a instauré. Abrogé le droit — si le vote du Sénat ratifie le vote de la Chambre, il sera en effet maintenu dans la pratique par les employeurs qui, au nom de « la très-sainte et très indivisible liberté individuelle », n'embaucheront que les ouvriers se présentant à eux avec ce passeport du travail ».

Pour empêcher cette survivance — inévitable — du livret, des mesures coercitives sont nécessaires. Il faut que la même loi, qui proclamera l'abolition du livret, édicte des peines contre toute personne qui, sous un prétexte quelconque aura exigé d'un ouvrier une pièce émanant ou signée d'un patron antérieur.

L'amende, — sinon la prison, — pourra seule avoir raison de l'*inquisition patronale*, représentée par le livret et mille fois pire que l'inquisition catholique dont la libre pensée bourgeoise a toujours mené si grand tapage.

L'abolition de tous les articles du Code qui établissent l'infériorité de la femme vis-à-vis de l'homme rentre dans le même ordre des réformes auxquelles la bourgeoisie ne saurait se refuser, sous peine de faillite.

Que reste-t-il de l'égalité devant la loi — ce « nouvel évangile des sociétés modernes » si dans l'ordre civil comme dans l'ordre politique il continue à cœxiter deux lois différentes, l'une pour l'homme, l'autre pour la femme !

La seule raison, - pour ne pas dire le seul prétexte — que l'on pouvait invoquer à l'appui de l'infériorisation légale de la femme : la limitation de son activité à l'horizon domestique va disparaissant tous les jours. La femme, sortie du pot-au-feu vient de plus en plus : ouvrière, employée, elle a envahi tous les domaines jusque là réservés au seul homme ; elle est comme lui, — plus que lui — à la peine.

Et, bien que l'égalité civile et l'égalité politique ne doivent pas plus l affranchir qu'elles n'ont affranchi le prolétariat elle est en droit de les revendiquer comme il est du devoir du Parti ouvrier — qui est le parti de tous les exploités sans distinction de sexe ni de race — de s'associer à ses revendications,

Ajoutons que, sans attendre cet acte de justice de la bourgeoisie, aussitôt qu'elle s'est constituée en partie distinct, la classe ouvrière a fait dans ses rangs place égale à la femme. Nos groupes ignorent toute distinction fondée sur le sexe de leurs membres. Qu'il s'agisse de réunions ou de congrès, la femme est appelée et élue au même titre que l'homme.

Art. 2. — Suppression du budget des cultes et retour à la
nation des biens dits de mainmorte, meubles et immeubles
appartenant aux corporations religieuses (décret de là
Commune du 2 avril 1871), y compris toutes les annexes
industrielles et commerciales de ces corporations

L'histoire des religions n'est que l'histoire de
l'ignorance et de l'impuissance humaine.

Jouet de la nature qui l'entoure. qu'il ne peut
ni s'expliquer ni gouverner, l'homme à peine
sorti de l'animalité voit naturellement et nécessairement des « êtres supérieurs » dant tout. Ce
sont les dieux, qu'il crée faute de mieux, à son
image et qu'il ne ramènera qu'à la longue à un
dieu unique, providence générale. Il y a un dieu
dans le soleil qui l'éclaire, un dieu dans l'eau qui
le désaltère lorsqu'elle ne l'engloutit pas, un dieu
dans la foudre ou le volcan qui l'écrase, etc., etc.,
dieu bon ou dieu malfaisant ou dieu bon et malfaisant à la fois, suivant l'élément divinisé et les
effets divers de son action.

L'enfant, avec sa curiosité extraordinaire satis-
faite par les explications les plus merveilleuses,
est une réduction fidèle de cette période de notre
espèce

Au fur et à mesure que les sciences se constituent et que l'homme se rend non seulement
compte mais maître de la série des phénomènes
naturels, les divers dieux, qui correspondaient
aux forces physiques inconnues et insoumises,
s'éloignent ; c'est lui le dieu, puisqu'il commande
aux éléments qui l'avaient dominé jusqu'alors.
Et c'en serait fait dès lors des religions, si d'au
tres phénomènes n'avaient surgi. d'ordre économique ou social ceux-là, qui échappent à leur
tour à l'action humaine et vont par suite donner
matière et naissance à une nouvelle fournée
d'êtres supérieurs ou suprêmes.

Jouet des forces économiques qui lui sont plus terribles encore que les forces naturelles — par lui réduites en esclavages — l'homme recommence à *diviniser*, c'est-à-dire à chercher et à placer dans une cause extérieure qu'il ne sait plus ni où loger ni comment définir, l'explication et la direction en même temps des hasards sociaux dont il est la victime. Cette cause de la misère des uns et de la richesse des autres, du succès ou de la faillite des efforts individuels ce sera un dieu général, dispensateur et compensateur, — car l'idée de justice à laquelle s'est élevé le cerveau humain doit se retrouver dans la nouvelle création humaine. Ce sera la providence des chrétiens, catholiques ou protestants.

Pour que ce dernier refuge d'une divinité quelconque, pour que cette dernière forme de religion disparaisse, il faut que, de même que dieu n'a été chassé de la nature que lorsque l'homme a pu prendre connaissance de ses diverses forces et les diriger (physique, chimie, etc.), les forces productives (industrie et commerce) aient été soustraites aux *aléas* de leur possession individuelle et soient devenues organisables et dirigeables entre les mains de la société.

Lorsque au lieu de dépendre, comme aujourd'hui pour la satisfaction de ses besoins, d'événements qu'il ne peut ni prévoir ni empêcher en période capitaliste (surproduction, machines nouvelles, déplacements d'industrie, etc.), l'homme, tous les hommes ne dépendront plus que d'eux-mêmes de la façon dont ils auront combiné, pour mieux vivre, la force-travail dont ils disposent avec les ressources fournies par notre planète, avec le dernier mystère s'évanouira le dernier dieu.

Le Parti ouvrier le sait; il sait qu'à la révolution qu'il a pour mission d'accomplir est subordonnée la fin des religions. Et c'est pourquoi il n'a que des haussements d'épaules pour la Libre Pensée bourgeoise qui place l'émancipation des consciences dans la suppression du budget des cultes et dans la séparation de l'Eglise et de l'Etat.

L'Eglise, les différentes églises n'ont rien à faire avec l'Etat aux Etats-Unis. Les cultes, par delà l'Atlantique, constituent une industrie privée — au même titre que l'épicerie ou la charcuterie : *paye qui consomme.* Ce qui n'empêche pas la lèpre religieuse de ronger la grande république américaine plus qu'aucune puissance au monde.

La suppression du salaire du clergé n'aura qu'une valeur économique. Elle épargnera cinquante et quelques millions par an à ce *taillable à merci* qu'est le peuple travailleur. Et c'est à cette seule fin que nous l'avons inscrite dans notre programme.

Mais dans cette voie il ne convient pas de s'arrêter, comme font nos radicaux, trop conscients des services que rendent les religions à la propriété et à la sûreté capitaliste, pour vouloir s'en priver en frappant le clergé au cœur, c'est-à-dire à la caisse.

Depuis près d'un siècle, au mépris de l'article du Code qui punit « les tromperies sur la qualité de la marchandise vendue », la gent porte-soutane a escroqué à la confiance publique plus d'un milliard. C'est ce milliard converti en immeuble ou placé dans les banques, sur lequel il faut mettre la main, qu'il faut restituer à la nation, comme l'avait décrété la Commune de Paris, le 2 avril 1871.

Cette expropriation s'impose d'autant plus que les biens à confisquer ne représentent pas seule-

ment une longue exploitation religieuse des
masses, mais aussi une exploitation industrielle
et commerciale directe.

Depuis longtemps l'Eglise qu'on accuse de ne
pas transiger avec la société moderne, s'est mise
au pas de notre civilisation capitaliste. A ses con-
fessionnaux et à ses sacristies elle a adossé des
ouvroirs, des orphelinats et autres maisons de
travail et de profit. Et pour les bénéfices réalisés,
comme pour les tortures infligées aux travailleurs de tout sexe et de tout âge, ces bagnes ec-
clésiastiques installés à Jujurieux et ailleurs ne
le cèdent en rien aux bagnes les plus laïques. Il
y a là des millions, qui, comme ceux des Schneider et des Chagot, ont été épargnés sur le dos de
milliers et de milliers d'enfants du peuple ouvrier et sur lesquels, par suite, ce dernier a
incontestablement plus de droits que n'en avait
le Tiers Etat en 1789 sur les dîmes ecclésiasti-
ques. Ce qui n'a pas empêché cependant les
grands-pères des petits bourgeois de l'heure présente d'abolir ces dîmes sans indemnité dans la
fameuse nuit du 4 août et de délibérer ainsi leurs
propriétés de redevances s'élevant de 80 à 100 mil
lions par année.

Le retour à la nation de la propriété mobilière
et immobilière des corporations religieuses, que
le Parti ouvrier a emprunté à la révolution ouvrière du 18 mars, a donc pour lui le droit et les
précédents. Il présente encore un autre avantage,
qui aurait seul suffi à lui assurer une place dans
un programme d'éducation comme la nôtre : c'est
d'habituer les masses à reprendre ce qui leur a
été enlevé par la violence ou par la fraude, à
ex proprier leurs expropriateurs.

Une fois entré dans cette voie de restitutions

opérées de haute lutte, il n'y a pas de risque que la classe ouvrière, mise en appétit, s'arrête.

C'est par la propriété ecclésiastique qu'on commence, c'est par la propriété capitaliste qu'on finira.

Art. 3. — Suppression de la Dette publique

Cet article appartient au Congrès national de Roanne qui, en Septembre 1892, se hâta de frapper la classe capitaliste dans ce qui lui tient le plus à cœur : la rente.

La Dette publique en effet, comme Karl Marx l'a fait remarquer dans son *Capital* (1) « donne à l'argent improductif la valeur reproductive, sans qu'il ait pour cela à subir les risques et les troubles inséparables de son emploi industriel ou même ceux de l'usure privée » Sans plus se dessaisir de leurs capitaux que s'ils les transformaient en billets de la Banque de France, puisque sous la forme d'*effets publics* ils restent d'un transfert aussi rapide et d'un fonctionnement aussi facile que le numéraire les rentiers de l'Etat se font allouer des intérêts annuels qui, pour 1893, se sont élevés à *un milliard quatre-vingt-dix huit millions*, sur un budget de trois milliards.

L'Allemagne impériale et bismarkienne, après avoir acheté sa vic oire de 1870-71 par des centaines de millions et des milliers de soldats, a frappé sur la France vaincue une indemnité de guerre de cinq milliards. *Depuis cette époque seulement — à plus d'un milliard par an — c'est près de* TROIS FOIS *autant que les rentiers de l'Etat ont prélevé sur la France des travailleurs.*

(1) Voir *le Capital* de Karl Marx, résumé et accompagné d'un *Aperçu sur le Socialisme Scientifique* par G. Deville.

Cette dîme annuelle de plus d'un milliard, d'autre part, qui représente 3) francs en moyenne par tête de Français ou de Française, est servie en grande partie à des prétendus créanciers dont l'état n'a pas reçu un sou.

C'est. par exemple 6.086,000 francs qu'il nous faut payer chaque année pour les dettes des pays un moment réunis à la France (Belgique, départements de la rive gauche du Rhin, Piémont, etc.) Ces pays nous ont quittés, mais la dette nous est restée depuis 1815.

C'est 30 millions que, depuis 1825, — pour assurer aux bourgeois la tranquille possession des bien volés par eux pendant la Révolution — nous payons annuellement aux émigrés *indemnisés d'un milliard.*

C'est 600.000 francs aux d'Orléans, en compensation du « vol de l'Aigle » bonapartiste en 1852. C'est 1.499.654 francs pour les dettes de Louis XVIII : c'est, 8.397 francs pour le majorat du duc d'Istrie ; comme solde de sa collaboration au 18 brumaire ; c'est depuis 1848, 5.787.117 francs aux esclavagistes des colonies pour prix des tortures infligées à leurs nègres, etc., etc,

Quelle que soit d'ailleurs la nature frauduleuse ou infâmante de ses origines, la Dette, qui va toujours augmentant, exige. pour son service annuel des impôts qui infériorisent tellement la France industrielle et agricole dans la lutte concurrentielle internationale, que la bourgeoisie elle-même a dû prendre peur et aviser ;

De là les *conversions* — ces banqueroutes partielles qui se produisent de temps à autre et qui n'atteignent par parenthèses que les petits. tout petits capitalistes — banquiers et agioteurs, qui dominent le gouvernement, ne permettant

ces opérations qu'après s'être débarrassés des
rentes à convertir.

Mais de même que la caisse d'amortissement
qui, de 1852 à 1883, n'a amorti que 83 millions de
rente alors qu'on en créait pour 750 millions ces
diverses réductions de 5 0/0 en 4 1/2 et du 4 1/2 en
3 0/0 ont toujours été suivies d'emprunts nouveaux, c'est-à-dire de dettes nouvelles.

La Dette publique, cette *liste civile* de la bourgeoisie. n est ni à convertir ni à amortir, mais à
supprimer. Ainsi le veut non seulement l'intérêt
de l'immense majorité de la nation qui ne possède
aucune inscription au Grand-Livre et fait cependant
tous les frais du Grand-Livre, mais l'intérêt même
des petits porteurs de rente qui pour le service de
la Dette, donnent plus à l'état comme contribua-
bles qu'ils ne reçoivent comme rentiers.

A 1 milliard 126 millions (1) c'est le chiffre
officiel pour 1884 — le service de la Dette entraîne un impôt de 30 francs pour chacun des 37
millions d'habitants que compte la France d'aujourd'hui ; soit 120 francs par famille moyenne de
quatre membres. Or, 120 francs représentent un
capital de 3.200 francs placés en rente 3 0/0 au
cours actuel de 80 francs.

Combien sont rares les familles ouvrières ou
même *petites-bourgeoises* dont le capital, placé en
rentes sur l'Etat, atteint un pareil chiffre !

(1) Dans ce chiffre ne figurent pas les diverses Dettes municipales qui, pour Paris seulement, exigent annuellement près
de 100 millions, — soit 44 francs par personne. Or, comme
cette Dette a surtout été contractée pour embellir ou *hausman-
niser* la capitale, et que cette *hausmannation* qui se poursuit
a eu pour conséquence un renchérissement des logements de
plus de 100 pour cent, c'est 176 francs que chaque famille
parisienne paye chaque année le plaisir d'être volée deux fois
par M. Vautour.

La suppression de la Dette, que le Parti ouvrier réclame en attendant qu'il l'accomplisse, décharge-rait chaque habitant de 30 francs d'impôts ; elle constituerait à chaque famille de quatre personnes une rente annuelle de 120 francs.

Art. 4. — Abolition des armées permanentes et armement général du peuple

L'abolition de l'armée permanente a été dénon-cée par les bourgeois de tout acabit comme un crime de *lèse-nation*. A entendre ces bons patrio-tes qui se jetaient, il y a treize ans, dans les bras de Bismarck pour échapper à la révolution et pour qui toutes nos invasions ont été autant de Pérou et de Californie, ce serait « la fin de la France », découverte devant une Allemagne impériale armée jusqu'aux dents.

Les faits tiennent un autre langage. Ils nous montrent dans tout le cours de ce siècle les armées permanentes incapables d'une défensive efficace, véritables *guides de l'étranger* au cœur du pays et ne remportant de victoires que sur des concitoyens.

Les armées modernes, aussi bien en France qu'en Allemagne et aux Etats-Unis, ne regardent pas vers la frontière, mais vers l'atelier. Voyez plutôt la Belgique que sa neutralité garantie inter-nationalement mettait à l'abri d'une force militaire ruineuse et qui n'en possède pas moins l'armée permanente la plus forte, proportionnellement à sa population, uniquement dirigée et employée contre les ouvriers du Borinage.

Leur but, leur raison d'être, c'est la défense de la bourgeoisie capitaliste et dirigeante, depuis que cette dernière a renoncé à se défendre elle-même sous forme de garde nationale.

Et, chose remarquable, quoique personne ne l'ait

encore fait remarquer jusqu'à présent, pour être
apte à défendre la bourgeoisie et sa mise en coupe
réglée du peuple ouvrier, l'armée a dû être
rendue impropre à la défense du pays.

La guerre moderne, telle qu'elle est sortie des
chemins de fer et des télégraphes, exige la
prompte mobilisation de masses énormes; on peut
dire que l'issue de la campagne est suspendue au
plus ou moins de rapidité de cette mobilisation. Il
faudrait donc, pour que les diverses catégories de
combattants, qu'il est matériellement impossible
de maintenir sous les drapeaux (hommes en
congé, réservistes, territoriaux, etc.) fussent en
mesure de « rejoindre », au plus vite, que les différents corps ou régiments fussent organisés par
région ou par département. Il n'y a, sur ce point,
qu'une voix parmi les gens du métier qui savent
qu'en matière militaire le temps est plus que de
l'argent; le temps, c'est la victoire

Mais ce mode de recrutement, cette organisation
locale de l'armée, que commande la sécurité nationale, en laissant subsister les liens de famille et
d'atelier entre la chair à canon et la chair à machine, entre l'uniforme et la blouse, rendrait
impossible les massacres de prolétaires. Allez
donc faire sabrer les grévistes d'Anzin ou de la
Grande Combe par des mineurs de la Grande Combe
ou d'Anzin, convertis *sur place* et *momentanément*
en soldats! Allez donc, parce que vous les aurez
affublés pour trois ans d'une tunique gros bleu et
d'un pantalon garance, transformer les ouvriers
parisiens en *mitrailleuses vivantes* de Paris ouvrier
comme en 1871 ! Aussi, pour permettre à l'armée
d'être l'instrument de compression et de répres-
sion ouvrière dont a besoin « l'aristocratie des
riches », dissémine-t-on ceux qui sont appelés à

la composer le plus loin possible de leur lieu de naissance et de travail. A Bordeaux ou à Nice, les Roubaisiens ou les Rémois ! A Brest ou à Nancy, les Marseillais ou les Toulousains ! De telle sorte qu'à l'heure du danger, avant d'entrer en ligne, ces défenseurs du même territoire auront à traverser ce territoire dans tous les sens à la recherche de leurs cadres respectifs. Mais peu importent ces retards mortels, peu importent les erreurs inséparables d'un pareil chassé-croisé au patriotisme de nos bourgeois qui peut se résumer en un mot : Périsse la France pourvu que la propriété capitaliste soit sauvée !

Pour se convaincre que nous n'exagérons pas, il suffit de se rapporter à la dernière expédition tunisienne, à l'impossibilité — en pleine paix — de compléter en un mois les quelques régiments nécessaires, et de se rappeler qu'en 1870 l'Allemagne — qui a marché depuis — n'a pas mis huit jours à mobiliser un million d'hommes.

· Quant à ce que coûte cette armée, qui, pour couvrir la bourgeoisie et ses vols, découvre ainsi la nation on pourra s'en faire une idée par les 699 millions — dont 587 à titre ordinaire — qui figurent au budget des dépenses de 1883 : soit 20 francs par tête de Français ou de Françaises et 80 francs par famille moyenne de quatre personnes. Et ce n'est là qu'une partie des frais qu'elle entraîne annuellement. Pour avoir le tout, il convient d'ajouter, aux 699 millions consommés improductivement par les 500.000 *gardes meubles et immeubles* de la classe capitaliste, un milliard 95 millions qu'à raison de six francs par homme et par jour produiraient ces victimes de la caserne restituées au travail industriel et agricole. Ce qui met notre *insécurité extérieure* et notre *servitude intérieure* au prix total de *un milliard sept cent quatre-vingt-quatorze millions.*

L'armement général du peuple n'aurait pas seulement pour effet d'économiser au pays les deux tiers au moins de ce milliard sept cent qutre-vingt quatorze millions. Ce serait la bourgeoisie désarmée vis-à-vis du prolétariat qu'elle ne pourrait plus « saigner » à volonté lorsqu'il se fatigue d'être volé ; mais, armée jusqu'à son dernier homme, la nation n'aurait jamais été plus forte, plus inattaquable et — on peut ajouter sans crainte d'être démenti par l'expérience — plus inattaquée.

Pour cela il suffirait que l'instruction militaire complétât l'instruction scientifique et professionnelle assurée socialement à la totalité des enfants ; que le fusil, mis dans l'école même entre les mains de tous, restât au sortir de l'école entre les mains de chacun, et qu'après un très court passage sous les drapeaux, de grandes manœuvres annuelles maintinssent entre ces éléments individuellement supérieurs la cohésion indispensable et l'habitude des opérations d'ensemble.

Ceci, bien entendu, pour l'infanterie — les armes spéciales comme l'artillerie, le génie, etc , pouvant, ainsi que les états-majors, sans péril pour personne ; se recruter par voie d'engagements et de concours.

La puissance militaire de la Prusse — qui date de la réduction pour ne pas dire de l'abolition de son armée à la suite de la défaite d'Iéna — vient à l'appui de la transformation poursuivie par le Parti ouvrier.

Contraint par le traité du 8 Septembre 1808 à ne pas maintenir sous les armes plus de 42.000 hommes, le gouvernement de Berlin fit précisément ce que nous demandons : les plus vieux soldats furent immédiatement congédiés et remplacés par de nouvelles recrues lesquelles, aussitôt exercées, firent place à d'autres — et ainsi de suite. De telle façon que cinq ans plus tard lorsque Napoléon devait la croire à jamais rayée du cadre des grandes puissances, au lieu de 42,000 porte-fusils, auxquels elle avait été limitée, la Prusse put jeter sur l'échiquier européen plus de 250,000 combattants. Et quels combattants! les futurs vainqueurs de Leipsik, de Dresde et de Waterloo,

Art. 5. — La Commune maîtresse de son administration et de sa police.

La commune, qui a été le berceau de la bourgeoisie, n'a pas eu de pire ennemie que la bourgeoisie. C'est la révolution de 1789 qui a porté le dernier coup aux biens communaux, « guignés » par les nobles de l'ancien régime, mais volés par les bourgeois du nouveau. Et dans la série des systèmes gouvernementaux issus de cette même révolution, la commune, perdant jusqu'au droit d'élire ses officiers municipaux, n'a plus été qu'une expression géographique.

Aujourd'hui encore, bien que conseil et maire lui aient été rendus, elle est, même chez elle, dans tous les actes de sa vie intérieure, prisonnière du pouvoir central qui, monopolisé par la classe capitaliste, ne manque jamais d'intervenir contre toutes les mesures favorables à la classe ouvrière. Les mineurs en grève de Commercy ont pu s'en apercevoir en 1881. Maîtres du Conseil municipal *composé exclusivement d'ouvriers*, ils avaient pris deux arrêtés : l'un pour l'éloignement des troupes, mises sans le moindre prétexte au service de la direction de la mine, comme un moyen d'intimidation ; l'autre pour assurer, dans la limite de 25.000 francs, du pain aux femmes et aux enfants des grévistes ; et, pas plus dans un cas que dans l'autre, l'initiative communale n'a pu aboutir. Le pain n'est pas venu, — arrêté qu'il était par le *veto* sous-préfectoral, — et les pantalons rouges ne sont pas partis.

Avec des communes libres de leur administration et de leur police, pareille immixtion de l'Etat bourgeois en faveur du capital et contre le travail deviendrait impossible. Partout où les travailleurs sont en majorité, ils trouveraient dans la municipalité conquise à coups de bulletin, en même temps que des ressources pour leur résistance à l'exploitation patronale un boulevard contre l'appel des patrons à l'armée dite nationale. Les baïonnettes de l'obéissance passive cesseraient d'être mises en travers des revendications ouvrières et les caisses communales — que les ouvriers sont seuls à remplir directement ou indirectement — pourraient leur venir en aide tant dans les cas de grèves qu'aux époques de chômages.

C'est parce qu'elle aurait, — au moins dans les communes industrielles — ce double effet protecteur, que la liberté communale figure dans le programme du parti. Mais le Parti ouvrier — comme l'a admirablement exposé le Congrès national de Roanne — n'espère pas arriver à la solution du problème social par « la conquête du pouvoir administratif » dans la commune. Il ne croit pas, il n'a jamais cru que — même débarrassé de l'obstacle du pouvoir central — la voie communale puisse conduire à l'émancipation ouvrière, et que, à l'aide des majorités municipales socialistes, des « réformes sociales » soient « possibles » et des « réalisations immédiates ».

« Qu'on prenne l'hypothèse la plus favorable,

tellement favorable qu'elle en devienne utopique,
supposons les communes maîtresses de passer à la
pratique de notre programme. Roubaix, Reims,
Lyon, et telles autres ville que l'on voudra, font
mieux que voter, elles exécutent les premières
réformes urgentes : limitation de la journée de
travail à huit heures, service public des denrées
à prix de revient, etc.; que va-t-il en résulter, et
cela nécessairement ? C'est l'afflux sur ces petites
« terres promises » des ouvriers de partout, accou-
rant pour jouir tous des bénéfices ainsi créés loca-
lement pour quelques-uns. Et cette multiplication
des bras qui s'offrent — hors de toute proportion
avec les nécessités de l'industrie locale — fera
baisser les salaires à un taux qui annulera les
avantages obtenus — et impossibles à sauvegarder
sans que les communes se ferment au monde exté-
rieur en s'entourant d'une véritable muraille de
la Chine.

« Mais même en s'isolant de la sorte, les municipalités socialistes ne sauraient aboutir à quoi que ce
soit de durable. Car, en admettant qu'elles puissent
empêcher les ouvriers d'entrer, elles ne sauraient
empêcher les patrons de sortir avec leur outillage
et leurs capitaux. Ces transferts d'industrie —
quoique pour d'autres causes — sont fréquents
dans l'histoire économique moderne· Qui pourrait
avoir oublié comment, lors de la *cession* de l'Alsace
à l'Allemagne impériale, des manufacturiers de
Mulhouse suivirent avec leur outillage la France
dans sa retraite en-deçà des Vosges ?

« En voulant protéger les prolétaires dans leur
travail on les aurait, en définitive, privés de
travail et affamés (1).

(1) Voir *Résolutions et Rapports des Congrès ouvriers*, par
J. Dormoy.

L'impuissance organique ou réformiste des municipali'és est donc éclatante comme le soleil. Pour la nier ou passer outre comme les automaniaques du possibilisme et du radicalisme, il faut ou se crever les yeux ou avoir intérêt à égarer les efforts du prolétariat en travail d'affranchissement.

L'abolition du salariat — ce servage moderne pire que l'ancien — n'est pas affaire communale, mais nationale et internationale. Elle ne peut sortir que de la prise de possession du pouvoir central ou de l'Etat par les salariés.

Mais si les communes conquises par le parti ne peuvent pas être même affranchies, l'instrument de la libération prolétarienne, elles constitueront entre nos mains autant de moyens de recrutement et de lutte. Et c'est pourquoi nous avons toujours été partisans des campagnes électorales municipales.

Si, sans se laisser arrêter par la certitude de l'annulation de leurs décisions, les municipalités socialistes légifèrent dans le sens de nos revendications, si elles les traduisent en arrêtés, et surtout si elles tentent de les appliquer, elles convertiront au parti la fraction encore hésitante du prolétariat, — et c'est malheureusement l'immense majorité, — surprise et heureuse de voir pour la première fois prendre la défense de ses intérêts.

Les conflits qu'elles soulèveront ainsi avec le pouvoir central mettront, d'autre part, hors de doute pour la masse que la première étape révolutionnaire est la conquête de l'Etat, cette citadelle de la société capitaliste. Afin d'augmenter la portée de ces conflits, les municipalités ouvrières auront à s'entendre entre elles pour formuler les mêmes réclamations et prendre les mêmes dispositions. Si le pouvoir central intervient, il se

trouvera alors en présence d'une ligne municipale
déstinée à jouer un grand rôle pendant la période
révolutionnaire.

Partie économique

Art. 1 — (a) Repos d'un jour par semaine, ou interdiction
légale pour les employeurs de faire travailler plus de six
jours sur sept.

(b) Réduction légale de la journée de travail à huit heures
pour les adultes.

(c) Interdiction du travail des enfants dans les ateliers privés
au-dessous de quatorze ans, et de quatorze à dix-huit ans,
réduction de la journée de travail à six heures.

a) La Révolution de 1789, au dire des libéraux,
émancipa le travail ; mais avant cette tant vantée
émancipation, on n'admettait pas comme une
nécessité sociale que le salarié devait dès l'âge de
huit ans, consacrer tous les jours de son existence
à l'enrichissement de son patron ; les lois le l'Etat
et de l Eglise lui garantissant 90 jours de repos
par an (52 dimanches et 38 jours fériés (1).

Dans la société capitaliste créée par cette révolution, le travailleur, qui se considère bien
heureux quand il ne passe à l'atelier que la demi-

(1) Les réformateurs catholiques à la de Mun, s'ils ne veulent
pas que l'on classe dans la catégorie des mystifications bourgeoises leur socialisme de sacristie, avec les socialistes étatistes
et libertaires, des opportunistes et des radicaux, devraient
prêcher à leurs amis, les Chagot et autres cagots du capitalisme,
de rétablir dans leurs ateliers ces vieilles lois de l'Eglise
catholique.

journée du dimanche, s'il ne peut aspirer aux 90 jours de repos de l ancien régime, doit au moins, un jour sur sept, suspendre son labeur de bête de somme pour remplir ses devoirs de citoyen, jouir de la société de ses semblables et respirer un instant hors du bagne capitaliste.

b) — Le premier Congrès de l'Internationale, le Congrès de Genève en 1866, vota « que la journée de travail devait être de huit heures » ; — parce que disent les considérants, « la condition première, sans laquelle toute tentative d'amélioration et d'émancipation échouerait, est la limitation légale de la journée de travail. Cette limitation s'impose, afin de restaurer la santé et l'énergie physique des ouvriers et de leur assurer la possibilité d'un développement intellectuel, de relations sociales et d'une action politique. Cette limitation est demandée par les ouvriers des Etats-Unis et le vote du Congrès l'inscrira sur le programme des classes ouvrières des deux mondes. » — La journée de huit heures figure sur le programme des partis ouvriers d'Europe et d'Amérique.

Des ouvriers et des bourgeois attaquent la journée de huit heures. — Les ouvriers disent : La réduction légale de la journée de travail aurait pour conséquence, la réduction des salaires. Est-ce vrai ?

Le patron occupe aujourd'hui deux ouvriers pour obtenir 24 heures de travail, ou deux journées de 12 heures ; si la journée légale était de huit heures, il devrait en employer trois Les ouvriers qui chôment rentreraient à l'atelier, et ceux qui travaillent, n'étant plus sous la menace d'être remplacés, pourraient profiter de la circonstance pour exiger et obtenir des augmentations de salaires. La réduction légale de la journée de travail aurait pour conséquence fatale une augmentation de salaire.

Les bourgeois disent : la réduction légale de la journée de travail ruinerait l'industrie française. Pour combattre la journée de huit heures, M. Clémenceau s'est servi de cet argument; M. Joffrin le trouva si concluant, qu'il l'adopta, et, pour ne pas ruiner l'industrie des patrons français, il raya de son programme électoral de 1881 cette grande réclamation ouvrière. Examinons la valeur de l'argument des bourgeois.

Les patrons parlent sans cesse des intérêts de l'industrie nationale; mais c'est le cadet de leurs soucis; leur principale préoccupation est de limiter leurs dépenses d'outillage. Si, pour produire à aussi bon marché que ses concurrents, un patron doit renouveler son outillage démodé ou allonger de deux heures la journée de ses ouvriers, il n'hésite pas. Dans les manufactures des Vosges, on se servait de métiers mis au rebut depuis longtemps à Mulhouse, parce que les salaires y étaient moins élevés (1).

L'industrie française est en ce moment battue en brèche par les industries d'Angleterre, de Belgique et d'Allemagne; sa faiblesse provient de l'infério-

---

(1) Un économiste bourgeois écrivait : Des calculs très exacts montrant que les salaires français dans la Normandie et la Flandre sont de 12 et 15 0/0, dans l'Alsace, de 20 0/0, dans les Vosges, de 30 0/0 au-dessous des salaires anglais...... C'est en général sur les conditions de la main-d'œuvre que se règle la révolution dans les méthodes du travail. Tant que la main-d'œuvre fournit ses services à bas prix on la prodigue, on cherche à l'épargner, quand ses services deviennent plus coûteux. — (Louis Reybaud. *Le coton, son origine, ses problèmes*, 1863).

rité de son outillage (1) qui est due aux petits
salaires et aux longues journées de travail des
ouvriers français. Les salaires anglais sont de
20 à 30 0/0 plus élevés. bien que la loi ne permette
que 56 heures de travail par semaine dans les
fabriques de l'Angleterre et que lës *trade's unions*
soient parvenues à n'y autoriser que 50 heures :
9 heures pendant cinq jours et cinq heures le
samedi. C'est parce que l'ouvrier anglais est l'ouvrier d'Europe qui, travaillant le moins, touche le
plus fort salaire, que l'outillage industriel de
l'Angleterre est si supérieurement développé.
Les patrons français font payer à leurs ouvriers
l'infériorité de leur outillage; pour soutenir la
concurrence étrangère, ils ne songent pas à le
transformer, mais à abaisser les salaires et à
prolonger la journée de travail. Mais les patrons
français commencent à être punis par où ils ont
péché. Les capitalistes anglais ne pouvant exploiter légalement leurs ouvriers que 56 heures par
semaine, viennent en France établir des fabriques
où ils exploitent, avec l'autorisation de la loi, les
ouvriers français pendant des 70 et 80 heures par
semaine. L'industrie anglaise se ressent de cette
tactique capitaliste ; depuis dix ans. on remarque
dans les filatures de lin et de laine de l'Angleterre
une sensible diminution de la production. Le
gouvernement anglais, pour défendre l'industrie
nationale, aura à reprendre le projet de la République Suisse et à faire, de la fixation d'une
journée légale de travail en Europe, une question
de convention internationale.

(1) Pour remédier à « la situation actuelle de l'industrie
française » le *Bulletin de la Chambre Syndicate des négociants-
commissionnaires* (mai 1882) réclamait « l'amélioration de
l'outillage ».

La journée légale de huit heures permettra donc aux ouvriers de hausser leurs salaires, et obligera les patrons à consacrer en perfectionnements de l'outillage une partie des profits qu'ils volent aux salariés et qu'ils gaspillent en débauches et en folies luxueuses. Les capitaux que mangent les patrons avec leurs prostituées légitimes et illégitimes, leurs domestiques, leurs chiens et leurs chevaux sont absolument perdus ; tandis que les capitaux immobilisés dans l'outillage seront reconquis par les salariés, le jour de l'expropriation révolutionnaire.

e) — Dans notre société prétendue civilisée, l'enfant est devenu de la chair à travail et une machine à produits : pareil fait ne s'était produit dans aucune des sociétés antérieures, même aux pires temps de l'esclavage. Dans les districts industriels, dès dix ans — avant 1875 c'était dès huit ans — l'enfant appartient au capitaliste ; il l'arrache au foyer domestique, l'enlève aux jeux du jeune âge et le condamne, pendant des dix ou douze heures, aux tortures de l'atelier mécanique. L'enfant, n'offrant aucune résistance, est encore plus exploité que la femme et que l'homme. Son exploitation a été si inhumaine que l'État a dû le protéger contre le patron et le père de famille. L'un, au nom de l'autorité paternelle, s'octroyant le droit de vendre ses enfants, selon les besoins de la situation. l'autre, au nom de la liberté anarchique de la société capitaliste, s'arrogeait le droit d'imposer à l'enfant plus d'heures de travail qu'on n'en inflige aux forçats dans les bagnes.

Il ne faudrait pas attribuer cette intervention de l'État à des considérations humanitaires ; en régime capitaliste, elles ne sont pas de mise dans

les relations économiques ; l'Etat n est intervenu
que pour défendre les intérêts des patrons mé-
connus, que pour les empêcher d'épuiser avant
l âge leurs bêtes exploitables. Ce furent les phi-
lantrophes Dolfus, Scheurer-Kestner, etc., les
plus savants et les plus jésuites exploiteurs de la
classe ouvrière qui, sous Louis Philippe. protes-
tèrent les premiers contre l'abus excessif que
l'on faisait du travail des enfants dans les fabri
ques de l'Asace. On arrêtait leur développement
et on les rendait incapables de devenir de bons
ouvriers à l'âge adulte ; on tarissait à leurs sources les profits capitalistes, on tuait la poule aux
œufs d'or. La nécessité de modérer la trop féroce
exploitation des enfants était si impérieuse que
l'on dut voter des lois pour protéger les enfants,
et, ce qui est plus caractéristique. le gouvernement dut prendre des mesures pour assurer leur
application. L'adoption par la France républicaine de la loi qui, en Prusse, interdit l'emploi
industriel des enfants âgés de moins de quatorze
ans, bénéficierait donc aux enfants autant qu'aux
patrons.

En laissant les enfants se développer librement
jusqu'à l'âge de quatorze ans et en n'exténuant
pas leurs forces jusqu'à l'âge de 18 ans, les patrons auront à exploiter de plus robustes ouvriers. Les directeurs des distilleries de Baccarat
donnent dans la journée un repas aux enfants
qu'ils exploitent, afin d'avoir dans le présent des
petits travailleurs alertes, et dans l'avenir des
adultes pas trop malingres. Dans une société capitaliste, les réformes, même ouvrières, bénéfi-
cient aux capitalistes, et c est ce caractère qui en
permet la réalisation. Mais, quand l'intérêt de la
classe ouvrière est en jeu, surtout quand il s'agit

de modérer la terrible exploitation des femmes
et des enfants du prolétariat, le Parti ouvrier, non
seulement ne craint pas de servir les intérêts des
capitalistes, mais encore compte sur cet intérêt
pour hâter leur réalisation D'ailleurs, toutes les
lois qui limiteront le travail des adultes et des en-
ants prépareront pour la révolution des combattants plus énergiques et mieux développés.

Art. 2. — Surveillance protectrice des apprentis par les corporations ouvrières

L'apprentissage, de nos jours, est le plus souvent un moyen de soutirer aux parents des primes
et à l'apprenti du travail non payé. Ceci se remarque surtout dans les ateliers de couture. On
enseigne rarement le métier à l'apprenti, mais
on le transforme souvent en domestique, et d'ordinaire on le maintient aux travaux grossiers
que refusent les ouvriers : généralement, c'est
quand il a fini son apprentissage que le travailleur
commence à apprendre son métier. Pour remédier à ces maux, il faudrait confier la surveillance
des apprenties aux corporations ouvrières et, à
leur défaut, à des fonctionnaires nommés par les
Chambres syndicales.

L'apprentissage perd tous les jours de son im-
portance par le développement de la mécanique
industrielle et de la division du travail, et il tend
à être de plus en plus remplacé par l'instruction
générale donnée aux enfants dans les écoles
publiques et on arrivera presque à le supprimer
qu'on on y combinera l éducation manuelle avec
l éducation intellectuelle.

Art. 3. — Minimum légal de salaires, déterminée chaque année, d'après le prix des denrées, par une commission de statistique ouvrière.

Qui dit *minimum* dit salaire qui permette *au moins* de vivre en travaillant.

Le fait seul que le Parti ouvrier à dû demander dans son programme qu'un pareil salaire fût garanti par une loi aux producteurs de toutes richesses est donc la condamnation la plus sanglante de la société actuelle.

Sous l'ancien régime, lorsque la puissance publique avait à intervenir, c'était pour fixer un *maximum* au prix de la main d'œuve (1). La part que se faisait alors les travailleurs était si grande qu'il y avait lieu de lui marquer une limite, et les travailleurs étaient si forts que pour cette limitation l'Etat devait se substituer aux patrons impuissants.

Aujourd'hui, près d'un siècle après la grande révolution soi disant émancipatrice du travail, le salaire des ouvriers est tombé si bas, est devenu si insuffisant qu'il leur faut considérer la fixation d'un *minimum* comme un progrès de premier ordre, et les ouvriers sont si faibles, si impotents qu'ils en sont réduits à attendre de l'action gouvernementale cette garantie d'existence.

Telle est, en effet, la condition faite au prolétariat moderne par la machine de plus en plus perfectionnée et généralisé. L'excédent — qui va augmentant tous les jours — de l'offre du travail humain sur la demande abaisse de plus en plus le salaire au-dessous de ce qui est strictement indispensable pour ne pas mourir.

---

(1) Voir, entre autres, les *Statuts of Labourers*, d'Edouard III et l'ordonnance du roi Jean.

Ce tarif au-dessous duquel il serait interdit à l'anthropophagie patronale de consommer la chair ouvrière, est une revendication essentiellement française. Formulée par le grand précurseur du socialisme scientifique, Charles Fourrier, c'est elle qui, en 1831, arme et jette dans la rue les canuts de la Croix-Rousse. Ce que veulent ces premiers insurgés de la classe ouvrière, ce pour quoi ils se font héroïquement tuer, c'est un tarif qui leur assure le nécessaire c'est un *minimum* d'existence ou de salaire. Et pour cela ils inscrivent sur le drapeau noir : *vivre en travaillant ou mourir en combattant* !

Qu'est-ce, d'autre part, que les « prix de série » de la Ville de Paris, sinon, sous une forme aussi imparfaite qu'incomplète, ce salaire *minimum* poursuivi à Lyon à coups de fusil en attendant d'être réclamé à coups de bulletins par le Parti ouvrier ? Et, malgré qu'ils n'aient qu'une valeur morale, de quel secours ces « prix de série » n'ont-ils pas été aux ouvriers du bâtiment pour la défense de leur pain quotidien.

Lorque, comme le veut le programme, un *minimum* de salaire aura pu être déterminé, dans toutes les branches du travail, par une commission de statistique ouvrière; lorsqu'il sera devenu obligatoire pour les patrons ; il sera, entre les mains des salariés, la plus puissante des armes pour porter au plus haut possible le prix de la main-d'œuvre.

Car il ne s'agit pas d'un tarif « liant les deux parties contractantes », mais d'un tarif qui lie les seuls patrons et laisse les travailleurs libres d'aller au-delà, de demander et d'obtenir davantage.

C'est un *arrêt de sureté* mis par la loi à la réduction des salaires, mais ce n'est pas — loin de là — un obstacle à leur progression.

Appuyés sur ce *minimun* qui leur garantit que, quelles que soient les variations survenues dans l'offre et la demande des bras, leur salaire ne descendra pas au-dessous d'un certain taux, les salariés devront, au contraire, mettre à profit ces variations pour élever le taux de plus en plus

Le *minimum* de salaire, en d'autres termes, n'est et ne doit être pour eux qu'un moyen d'arriver au *maximum*.

Art. 4. — Interdiction légale aux patrons d'employer les ouvriers étrangers à un salaire inférieur à celui des ouvriers français.

Le patriotisme des capitalistes consiste à voler leur patrie et leurs compatriotes. Afin de mieux voler les ouvriers français, les industriels de France se servent des ouvriers étrangers.

Les ouvriers étrangers (Belges, Allemands, Italiens, Espagnols) chassés de leurs pays par la misère, dominés souvent et exploités par des chefs de bande, ne connaissant ni la langue, ni les prix, ni les habitudes du pays, sont condamnés à passer par les conditions du patron et à travailler pour des salaires que refusent les ouvriers de la localité Même à salaire et travail égaux, le patron les préfère à ses compatriotes, car pour se débarrasser des mutins, de ceux qui regimbent, parlent d'augmentation de salaires, de grèves, il n'a qu'à les signaler à la police qui les expulse, en vertu de la loi de 1848 contre les étrangers. Les patrons entretiennent les divisions et les haines qui naissent fatalement entre leurs ouvriers de différentes nationalités, ils préviennent de la sorte tout contact et toute entente

ayant pour but la défense de leur marchandise-
travail.

Les patrons français se sont, jusqu'ici, conten-
tés d'ouvriers étrangers européens, qui se trouvaient sous la main et s'offraient sans exiger de
frais de transport : mais il viendra un jour où ils
appelleront les Chinois : les économistes bourgeois y songent déjà. Le 5 mai 1880, la *Société
d'Economie politique* discuta les avantages du rem-
placement des ouvriers français par des Chinois.
Le consul général des Etats-Unis, présent à la
séance, objectait que l introduction des Chinois
était corruptrice à cause de leurs habitudes péda-
rastiques et dangereuse à cause des misères et
des révoltes ouvrières qui en étaient la conséquence,

— Qu'importe, répondaient sévèrement les économistes français : « Le Chinois est très labo-
rieux, il vit de rien, ce qui fait qu'il peut se con-
tenter d'un modique salaire... En Californie, là
où un blanc exige 10 fr. par jour, un jaune se
contente de 2 fr. 50... Les Chinois sont des concurrents redoutables pour des ouvriers indolents
qui aiment à bien vivre... Qu'ils viennent donc
ces bons Chinois, et tant pis pour les ouvriers
français si cela les gêne... Si les Chinois leur ap-
prennent à être moins turbulents, à moins délais-
ser l'atelier pour le cabaret, à boire moins et à
épargner davantage, ce sera un immense service
qu'ils rendront »

Le docteur Lunier (inspecteur général des services administratifs au ministère de l'intérieur)
remarquait que la venue des chinois n'était pas
aussi lointaine qu'on le supposait, car : « Il est
probable que bientôt l émigration chinoise se fera
par voie de terre et que l'on verra se produire à

l'Est de l'Europe des émigrations… qui apporteront à notre vieille Europe leur sobriété, leur patience laborieuse, et par suite la main-d'œuvre à bon marché (1) ». L'expédition du Tonkin hâtera peut-êt1e la venue des hordes chinoises.

Mais à défaut des Chinois, les patrons français emploient un moyens efficace et rapide pour dompter leurs compatriotes ouvriers et les soumettre à des salaires de famine : ils commandent du travail dans les pays étrangers. Lors de la grève des charpentiers, les patrons firent venir de Suède des portes et des fenêtres. Les patrons du faubourg Saint-Antoine, qui pleurent le plus bruyammant sur la ruine de l'industrié française, la précipite en important d'Allemagne des pièces de meubles, que des ouvriers inférieurs et peu payés n'ont plus qu'à assembler.

Le rôle d'affameurs des ouvriers français que les patrons font jouer aux ouvriers étrangers engendre des haines qui, parfois, sont exploitées par les financiers et les politiciens pour amener des conflits internationaux. Lors de l'expédition tunisienne, les financiers de Marseille qui désiraient des complications diplomatiques et même une guerre avec l'Italie, firent naître des rixes sanglantes entre la population et la colonie ouvrière italienne de Marseille.

Mais en dépit des dangers nationaux et des misères ouvrières qu'entraîne la présence des

---

(1) Ces citations sont textuelles, extraites du *Journal des Economistes* et de l'*Economiste français*. Avait pris part à la discussion des économistes bien connus : J. Garnier, Courtois, Leroy-Beaulieu, Simonin, du journal *la France*, Lavallée, de la *Revue des deux Mondes*, Vigne, banquier. etc. l'*Egalité*, du 9 juin 1880, est le premier journal qui ait signalé cette mémorable discussion à l'attention des travailleurs français.

ouvriers étrangers les ouvriers français ne peuvent songer à se débarrasser de leur concurrence. Elle est trop utile à l'exploitation patronale. En 1848, les ouvriers parisiens essayèrent en vain de les expulser de Paris, ainsi qu'en 1789 ils avaient tenté de chasser les ouvriers provinciaux ; s'ils y étaient parvenus, les patrons se seraient servis des produits étrangers pour continuer leur guerre contre la main-d'œuvre française. Pour déjouer les plans cyniques et anti-patriotiques des patrons les ouvriers doivent soustraire les étrangers au despotisme de la police en réclamant l'abolition de la loi de 1848, et les défendre contre la rapacité des patrons en « interdisant légalement à ces derniers d'employer des étrangers à un salaire inférieur à celui des ouvriers français (1).

Notre Congrès régional du Centre de 1883 a voté à propos de cet article du programme, la ré·solution suivante :

« Considérant que la France ouvrière doit rester ouverte aux ouvriers de partout, mais qu'elle doit pourvoir à ce que ses exploiteurs nationaux ne puissent plus continuer à spéculer sur la faim étrangère pour réduire les travailleurs français à un salaire de famine ;

« Considérant que quantité de produits nationaux sont actuellement protégés contre les produits similaires étrangers par les tarifs dits de

(1) Cet article, si important pour les ouvriers et leur entente internationale, a été inscrit dans le programme par le Congrès de Roanne de 1882, il émanait du groupe l'*Egalité* de Paris et avait été soumis aux votes d'une assemblée populaire convoquée à l'Elysée-Montmartre, le 21 Juillet 1881, pour dénoncer et flétrir les tripotages financiers de l'expédition tunisienne, et pour aviser aux moyens de prévenir le retour des entre-tueries ouvrières qui venaient d'ensanglanter Marseille.

douane, et que les producteurs nationaux ont au moins autant de titres à la protection de l'Etat que les marchandises sorties de leurs mains :

« Le Congrès régional du Centre demande :

1° Qu'en faveur de la marchandise-travail nationale, en tarif soit établi, au dessous duquel ne pourront être employés les ouvriers de nationalité étrangère ;

2° Que pour l'établissement de ce tarif minimum, les chambres syndicales ouvrières soient consultées comme ont été consultées les chambres de commerce pour la fixation des droits de douane ;

3° Que, de même que les fraudes douanières sont punies, sans préjudice de la prison d'une amende au profit de l'Etat lésé, toute infraction au tarif soit punie d'une amende à déterminer que le patron reconnu coupable, devra verser dans les caisses de la corporation ouvrière en cause.

« Le Congrès demande, en outre :

1° L'abrogation de la loi contre l Internationale ;

2° La suppression de la faculté pour le gouvernement d expulser sans jugement les étrangers (loi de 1848). »

Art. 5. — Egalité de salaire, à travail égal, pour les travailleurs des deux sexes.

Les moteurs mécaniques, en rendant la femme aussi apte que l'homme à quantité de travaux industriels, ont permis de l'arracher au foyer domestique pour la jeter dans l'atelier, mais ce n'est pas le manque de bras masculins qui a provoqué cette *industrialisation* de la femme, obligée de suffire à la fois à la fabrication des producteurs et à la fabrication de produits.

Si les employeurs ont eu recours, de préférence,

— 66 —

aux bras féminins, c'est d'abord qu'ils y ont vu,
comme dans les bras de l'enfant, *un outillage
humain à meilleur marché* : assurée de trouver dans
son sexe des moyens complémentaires d'existence, la femme pouvait être payée moins que
l'homme ; son salaire pouvait descendre, sans
inconvénient aucun, avec avantage au contraire
pour les beaux fils de la bourgeoisie en quête de
chair à plaisir, au-dessous de ce qui est strictement indispensable pour ne pas mourir. (1)

Une autre raison, pour laquelle — au risque
d'augmenter les charges sociales sous la forme
de crèches et de salles d'asile pour les enfants
orphelins de mère vivante — les mêmes employeurs
ont transformé la femme en *chair à machine*, c'est
que la concurrence ainsi faite au père par la fille,
au frère par la sœur, au mari par l'épouse et au
fils par la mère, devait entraîner fatalement
l'abaissement des salaires de l'homme.

L'*ouvrière*, cette fleur de la civilisation bourgeoise, n'a été inventée que pour accroître les
profits patronaux et pour affamer l'ouvrier.

Aussi, n'est-ce pas sans résistance qu'un pareil
« progrès » a pu être accompli. Il est certaines
corporations, comme celle des typographes, dans
lesquelles la lutte dure encore. « Dehors les
femmes ! » ont-ils crié, et non sans raison, si l'on
songe que pour prix des tortures qu'il leur faut
subir dans les bagnes capitalistes, les cinq cent
et quelques mille malheureuses qu'accusent, pour
l'industrie manufacturière seulement, les dernières statistiques, n'apportent qu'une diminution

(1) Voir, par exemple les ateliers typographiques de femmes
que multiplient en province les Didot et autres grands éditeurs
parisiens, ainsi que les bureaux administratifs de femmes dont
la Compagnie des Chemins de fer du Nord a pris l'initiative il y
a quelques années.

des ressources familiales. Pour le même prix auquel il lui aurait fallu acheter *l'unique force de travail de l'homme*, du chef de famille, si la femme avait été maintenue hors de la manufacture, le capitaliste achète aujourd'hui *la triple force-travail de l'homme, de la femme et de l'enfant.*

Mais si l on s'explique, et si l'on doit approuver l'obstacle mis au début par le prolétariat à l'introduction de la femme dans l'atelier, le Parti ouvrier, c'est-à-dire la classe ouvrière arrivée à la conscience d'elle-même, ne saurait voir là une solution à la question telle qu'elle se pose actuellement.

Tout d'abord, cette expulsion des travailleurs-femmes est devenue une impossibilité matérielle.

Le nombre est trop grand des outils féminins que met en mouvement l'industrie moderne.

Mais la chose fût-elle praticable qu'il n'y aurait pas lieu de s'engager dans cette voie, parce que s'il est un mal aujourd'hui en régime capitaliste, le travail industriel ouvert à la femme sera, dans la société nouvelle, lorsque le temps de travail aura été considérablement réduit, et les profits patronaux supprimés, un bien pour la femme en l'enlevant à la dépendance économique de l'homme et en lui permettant, parce qu'elle vivra par elle-même, de vivre pour elle même.

Pour que la femme s'appartienne, pour qu'elle recouvre la liberté de son corps, en dehors de laquelle il n'y a que prostitution, quelle que soit la légalité des rapports qu'elle peut avoir avec l'autre sexe, il faut que la femme trouve en elle-même, en dehors de l'homme, ses moyens d'existence.

Le Parti ouvrier ne peut donc pas demander la mise en interdit de la femme au point de vue

industriel, pas plus qu'il ne demande la mise hors
de la frontière des ouvriers étrangers.

Ce qu'il réclame pour les ouvriers étrangers,
c'est un tarif de la main-d'œuvre établi par les
ouvriers nationaux qui, en empêchant la rapacité
patronale d'arracher à la faim des Italiens, des
Espagnols, des Belges ou des Allemands du
travail à bas prix, protège les émigrants contre
les exigences et les capitulations de leur estomac.

Ce qu'il doit réclamer pour la femme, pour
l'ouvrière, afin qu'elle ne soit plus entre les mains
patronales un moyen d'affamer l'ouvrier, c'est un
tarif également protecteur. Qu'à travail égal, il y
ait égalité de salaire pour les travailleurs,
quelque soit leur sexe, et immédiatement cesse
la spéculation dont le sexe de la femme a été
l'objet de la part des patrons. De deux choses
l'une, en effet : ou, dans ces conditions nouvelles,
la femme ne trouvera plus à se vendre comme
machine de chair et d'os, et en même temps qu'il
faudra augmenter le salaire du chef de famille
pour permettre la reproduction de la classe-outil
ce sera l'organisme féminin sauvé de la défor-
mation manufacturière (1) et le foyer ouvrier
reconstitué par la restitution de l'épouse au mari
et de la mère à l'enfant ; ou la femme continuera
à être industrialisée, et au lieu du déficit qu'elle
créait dans le budget ouvrier, en abandonnant
sans compensation aucune le travail domestique,
elle deviendra un facteur de bien-être pour la
famille ouvrière dont elle doublera les ressources.

(1) Dans une conférence mixte entre ouvriers et patrons,
tenue à Paris en 1882, on a pu citer « des fabriques de boîtes
de fer blanc pour la parfumerie, où les conditions d'hygiène
sont telles que les ouvrières qui font des fausses couches sont
dans la proportion de 95 0/0. » (Le Temps du 17 avril).

Art. 6. — Instruction scientifique et professionnelle de tous les enfants mis pour leur entretien à la charge de la Société, représentée par l'Etat et par la Commune.

Avec ses écoles communales gratuites, l'Etat bourgeois a l'air de faire à la France ouvrière l'aumône de l'instruction primaire. En réalité, c'est la France ouvrière qui fait, aux fils de la bourgeoisie, l'aumône — forcée — de l'instruction supérieure. Collèges, lycées, facultés, écoles spéciales, autant de moyens de développement intellectuel dont la classe capitaliste est seule à profiter et qu'elle fait créer et entretenir par l'impôt, c'est-à-dire par un prélèvement annuel sur le travail des prolétaires. Depuis la fondation de l'Université, en moins d'un siècle, c'est plus d'un milliard qu'a dû « suer », pour la mise en culture du cerveau de ses maîtres économiques et politiques, la classe trop pauvre pour apprendre à lire à sa propre progéniture.

Telle est, en période bourgeoise, l'effet de ces fameux services publics que les fortes têtes du possibilisme voudraient nous donner pour le dernier mot du socialisme scientifique. Ils n'ont de public que l'argent qu'ils coûtent. Ce sont des services tout ce qu'il y a de plus privés, à l'usage exclusif de la bourgeoisie, que cette dernière a trouvé moyen de mettre à la charge de la collectivité ouvrière.

Lors donc que le Parti ouvrier veut que l'instruction scientifique ou supérieure soit assurée gratuitement à tous les enfants, il ne fait que réclamer pour les travailleurs la jouissance d'écoles que les travailleurs paient aujourd'hui aux fils des oisifs.

Mais pour que ce *droit à la science* reconnu à tous ne devienne pas un nouveau mensonge pour les « petits » de l'ouvrier et du paysan, il faut qu'en même temps que le pain de l'esprit, le pain du corps soit garanti socialement à chacun. Si productif que soit devenu le travail humain fécondé par la mécanique et par la vapeur, puisqu'on ne sait, de moins en moins, que faire des produits et où les exporter, les producteurs salariés sont arrivés à un tel degré de misère que pour nourrir leurs fils et leurs filles, il leur faut les tuer de travail — du travail de la fabrique — dès l'âge de douze ans. Dans ces conditions, inhérentes à l'ordre capitaliste, toutes les Facultés pourraient être ouvertes gratuitement sans qu'un seul enfant de prolétaire pût en franchir le seuil, si les frais d'entretien, comme les frais d'enseignement, n'étaient pas supportés par l'Etat et la Commune. C'est ce qu'avait compris Lepelletier-Saint-Fargeau lorsque, dans un décret soumis par Robespierre à la Convention nationale le 15 juillet 1793, il proposait ce qui suit :

« Art. 1er. — Tous les enfants seront élevés aux dépens de la République depuis l'âge de cinq ans jusqu'à douze ans pour les garçons, et depuis cinq ans jusqu'à onze pour les filles.

« Art. 2. — L'éducation nationale sera égale pour tous ; tous recevront même nourriture, même vêtements, même instruction, mêmes soins ».

Loin de grever d'ailleurs la société, l'éducation nationale, ainsi entendue et universalisée, serait le plus puissant élément de richesse parce que, si nous pouvons nous exprimer ainsi, de tous les animaux l'homme est celui dont « l'élève » rapporte le plus. Tant sait l'homme et tant peut ou rend l'homme. Il n'y aurait qu'une avance don tla société serait couverte au centuple par l'augmen-

bation de la productivité de chacun de ses mem-
tres (1).

Ce qui ne veut pas dire que de cette productivité accrue, centuplée, c'est l'ouvrier qui
bénéficiera.

Oh ! non. Il n'y a que l'ignorance ou l'impudence
d'un Gambetta pour parler de l'instruction
professionnelle comme devant, « en suscitant et
en agrandissant le capital intellectuel » du prolétaire, devenir pour lui « la source de l'aisance et
de la richesse ». Tant que le salariat réduira le
travailleur au rôle d'outil, tout perfectionnement
de l'outillage humain ne profitera qu'aux employeurs de cet outillage, aux acheteurs de la
force-travail ouvrière, comme tout perfectionnement des machines de fer et de bois ne profite
qu'aux propriétaires de ces machines.

Mais si elle n'élève pas le prix de la main-
d'œuvre, déterminé par le jeu de l'offre et de la
demande, cette culture générale, par cela seul
qu'elle fera de chaque ouvrier un homme, dans
le sens le plus élevé du mot, hâtera la révolution
émancipatrice en rendant insupportable au prolétariat le joug qui pèse sur ses épaules et qu'il ne
supporte aujourd'hui que par ignorance.

La science fait nécessairement des révolutionnaires ; c'est à ce titre que le Parti ouvrier se

---

(1) Le travail de l'homme est d'autant plus productif que son
intelligence est plus cultivée. Le travail d'un homme ignorant
n'a guère plus de valeur que celui d'un animal de force égale.
La propriété a le plus grand intérêt à ce que l'instruction soit
répandue. Il n'est pas une ferme, pas une manufacture, pas
une boutique, dont le revenu ne soit plus grand si elle est
située dans une localité où la population est instruite ; c'est
donc leur propre intérêt qui commande aux propriétaires de
contribuer à répandre l'instruction dans tous les rangs de la
société. (Horace Greeley.)

préoccupe de la mettre à la portée de la classe qu'il a pour mission d'affranchir.

Art. 7. — Mise à la charge de la société des vieillards et des invalides du travail.

De tout temps — en période d'esclavage, alors que tous les travaux étaient *serviles*, comme en période de servage — la classe qui faisait travailler a eu à sa charge la classe qui travaillait et aux besoins de laquelle elle était obligée de pourvoir en cas d'accidents, de maladie et de vieillesse. Le dernier code féodal — celui de la Prusse en 1795 — porte en toutes lettres que « le seigneur doit veiller à ce que les paysans pauvres reçoivent l'éducation, qu'il doit procurer les moyens de vivre à ceux de ses vassaux qui n'ont point de terre et venir au secours de ceux d'entr'eux qui tombent dans l'indigence ».

Pour enlever au travailleur toutes ces garanties et le laisser seul à seul avec les exigences de son es·omac aux époques ordinaires et extraordinaires de non-travail, il a fallu « la liberté du travail ».

Depuis que le propriétaire d'esclaves ou le seigneur féodal a fait place au salariant, l'homme qui vit du travail des autres, qui s'enrichit à faire travailler a été affranchi de toute obligation vis-à-vis des travailleurs dits libres.

Eussiez-vous, comme certains mineurs de Commentry, en 1881, laissé quarante-cinq années ou un membre dans les fosses qui ont emmillonné un certain nombre d'actionnaires oisifs, du jour au lendemain vous pouvez être mis en disponibilité sans indemnité aucune et sans que la compagnie milliardaire vous doive les moyens de ne pas mourir.

Telle est la loi du salariat, que les théoriciens

de l'ordre bourgeois ou capitaliste proclament le
dernier mot du progrès humain.

Le Parti ouvrier, lui, qui n'est pas un *abstracteur.
de quintessences* et qui se soucie comme d'une
guigne des grandes phrases des économistes,
veut que l'homme qui aura donné son temps et
sa vie à nourrir, à loger, à habiller ses semblables,
ait le vivre, l'habillement et le couvert assurés,
lorsque par suite de l'âge ou des infirmités il aura
été rendu impropre à la production.

Tout travailleur produit plus qu'il ne consomme.
Il pourrait donc continuer à consommer lorsqu'il
cesse de pouvoir produire, si la plus-value de son
travail ne lui était pas jour par jour arrachée des
mains. C'est la société actuelle, par son organisation et sa législation propriétaire, qui permet
à l'oisiveté capitaliste de s'emparer de cet excédent de la production sur la consommation
ouvrière, de l'accumuler et de s'en faire des profits
et des rentes.

C'est à la société, par suite, qu'incombe le soin
de pourvoir à l'existence de ceux qu'elle a mis —
en autorisant leur détroussement — dans l'impossibilité d'exister par eux-mêmes.

En se chargeant des vieillards et des invalides
du travail elle ne fait que restituer aux travailleurs une partie de ce qu'elle leur a laissé voler.

En bonne justice ce seraient les patrons, ceux
au service direct desquels les prolétaires se sont
usés, qui devraient être appelés à fournir le
nécessaire à ceux qui leur ont si longtemps, en
se tuant un peu tous les jours, assuré le superflu :
mais avec le va-et-vient ouvrier d'un employeur
à un autre, quand ce n'est pas d'une industrie à
une autre industrie, on se heurterait à une impossibilité pratique.

De là l'assistance sociale substituée dans notre programme à l'assistance patronale, transformant les travailleurs en fonctionnaires de l'ordre économique et les assimilant pour les pensions de retraite aux ministres, préfets, magistrats, généraux et autres « grandes inutilités » de l'ordre publique.

Art. 8. — Suppression de toute immixtion des employeurs dans l'administration des caisses ouvrières de secours mutuels, de prévoyance, etc., restituées à la gestion exclusive des ouvriers.

Dans la grande industrie surtout, qui multiplie les risques du travail, les employeurs ont toujours poussé les ouvriers à économiser sur leur maigre salaire pour faire face solidairement aux accidents, à la maladie, à la vieillesse. D'aucuns, comme les compagnies de chemins de fer et de mines, ont été jusqu'à rendre cette épargne obligatoire en instituant, au moyen de retenues quotidiennes ou mensuelles, des caisses à cet effet. Le pourquoi d'une pareille tactique a à peine besoin d'être indiqué : plus les salariés étaient mis, de gré ou de force, en mesure de se secourir mutuellement, moins les salariants avaient à venir à leur secours.

Mais toutes ces caisses, bien qu'alimentées en totalité ou en majeure partie par les gros sous des travailleurs, ont toujours été, malgré des réclamations incessantes, confisquées par les patrons qui s'en sont réservé la gestion.

Ils avaient à ce vol manifeste un triple avantage :

1° Ils se procuraient, sans bourse déliée, des capitaux dont ils ne devaient compte qu'à eux-mêmes.

2° Il leur était loisible de s'approprier tout ou

partie de ce « dépôt » en s'arrangeant de façon —
comme ça été, on peut le dire, la règle pour les
conducteurs-mécaniciens — à se priver des services de leurs employés, quelques mois à peine
avant l'âge ou le temps fixé pour la pension. Il
suffisait pour cela d'un simple article dans le
règlement stipulant qu'en cas de renvoi, l'ouvrier
perdrait tout droit sur les sommes par lui versées.

3° Cette administration des caisses ouvrières
mettait à leur merci les ouvriers, obligés pour
en jouir de passer par toutes les fantaisies patronales et, certains qu'à la moindre velléité d'indé-
pendance c'en serait fait de leurs lentes et pénibles
épargnes.

Les nombreuses grèves qui, à Montceau, à
Decazeville et ailleurs, ont été dirigées contre un
semblable état de choses, montrent que les travailleurs ont une conscience très nette de l'instrument de domination que leurs caisses de secours
mutuels, de prévoyance, etc., ainsi *patronalisées*
fournissent à l'ennemi.

En attendant que, par la suppression du patro-
nat, ils puissent disposer de la totalité des valeurs
par eux créées, ils entendent — et ce n'est pas se
montrer trop exigeants — disposer comme bon
leur semble, de la partie de ces valeurs qui leur
est allouée en salaire. Si en vue de s'entraider
dans les moments plus particulièrement critiques,
ils s'imposent et imposent aux leurs des privations
de tous les jours, ils veulent être seuls à admi-
nistrer ce *fonds de la prévoyance et de la solidarité
ouvrière* et à en déterminer l'emploi. Et le Parti
ouvrier qui ne saurait rester sourd à aucune
revendication ouvrière, ne peut qu'approuver une
pareille campagne et l'appuyer.

Il le fait d'autant plus volontiers que les diverses

caisses dont il s'agit, représentent, additionnées, plusieurs millions, et que, du jour où ils auront été restitués à la gestion exclusive de leurs légitimes propriétaires, ces millions, qui ne servent actuellement qu'à enchaîner les ouvriers, pourront devenir entre leurs mains un puissant moyen d'émancipation.

Voilà des munitions toutes trouvées pour les grèves qui n'échouent le plus souvent que parce qu'il a fallu aller à la bataille avec des fusils vides.

Le prolétariat, dans tous les cas, a là les premiers éléments d'un *budget de classe* qu'il ne tiendra qu'à lui de transformer en *budget de guerre sociale* — et libératrice.

Art. 9. — Responsabilité des patrons en matière d'accident, garantie par un cautionnement versé par l'employeur dans les caisses ouvrières et proportionné au nombre des employés et aux dangers que présente l'industrie.

Depuis que l'ouvrier de tout sexe et de tout âge est devenu un outillage vivant au service de l'outillage de fer, il ne se passe pas de jour que, sur quelque point du grand champ de bataille de l'industrie on n'ait à ramasser des blessés ou des morts.

Les neuf dixièmes des *accidents* — puisque c'est ainsi qu'on nomme ces homicides patronaux — sont dus à la rapacité capitaliste. C'est un échafaudage hors de service, une corde usée, une machine qu'il a fallu nettoyer en mouvement, un personnel insuffisant ou écrasé de travail, etc., toutes causes secondaires qui se rattachent à une cause première et unique : la caisse à remplir, coûte que coûte.

C'est à la caisse, par suite, qu'il faut frapper si l'on veut briser la série de ces carnages périodiques. C'est un cautionnement, comme le demande le Parti ouvrier, qu'il faut imposer aux patrons en le proportionnant au nombre des ouvriers occupés, et menacés — et aux dangers que présente l'industrie.

Ce cautionnement, les patrons l'exigent bien de leurs employés, de ce qui, caissiers, conducteurs d'omnibus et de tramways, garçons de recette, etc., n'ont à manier que des écus. A plus forte raison, peut-on et doit-on l'exiger de ceux qui manient à leur profit des milliers de vies humaines.

Lorsqu'au lieu de se traduire en *bénéfices*, la mutilation ou la mort qui attend — dans la mine, sur les voies ferrées, dans les usines transformées en abattoirs — la masse de ceux que le travail est censé faire vivre, se traduira en *frais* pour les employeurs alors, mais seulement alors, ces derniers se montreront aussi économes qu'ils sont aujourd'hui prodigues du sang ouvrier.

Pour décider la gent patronale à prendre les mesures de sécurité nécessaire, il faut que l'*écrabouillement* de ses machines humaines lui revienne plus cher que leur sauvegarde.

C'est pourquoi il n'y a pas à faire le moindre fonds sur « l'obligation légale pour les patrons d'assurer leurs employés » que quelques-uns ont mis en avant comme un remède souverain. Ces polices d'assurances, tout d'abord, ne seraient que nominalement payées par les salariants qui, au moyen de retenues proportionnelles, ne manqueraient pas d en rejeter tout le poids sur les salariés. Une fois payées ensuite, elles enlèveraient aux fabricants toute espèce d'intérêt à la conservation de leur personnel qui pourrait, sans qu'il leur en coûtât un centime, continuer à être hâché comme chair à pâté.

L'établissement d'une « assurance sociale », auquel s'est arrêté un des derniers congrès possibilistes ; serait plus désastreux encore. Un pareil « service public ». s'il pouvait jamais être installé en régime capitaliste, loin de restreindre et de prévenir, multiplierait et provoqerait les boucheries ouvrières.

Si peu que coûte à estropier ou à tuer un travailleur aujourd'hui, de temps à autre, lorsque l'Assistance judiciaire s'y prête, les compagnies se voient condamnées à servir une indemnité à la victime ou une pension à la famille. La crainte des dommages-intérêts à payer étant le commencement et la fin de la prévoyance patronale, il est donc vrai de dire que les travailleurs sont actuellement protégés dans la limite de cette pension ou de cette indemnité qui, si petite qu'elle soit, écorne d'autant les dividendes. Mais avec la responsabilité des accidents rejetée sur le Trésor public, adieu même les précautions insuffisantes de l'heure présente ! Pourquoi les patrons, individuels ou collectifs, se gêneraient-ils de faire des invalides, des veuves ou des orphelins, puisque *ce n'est pas eux, c'est la société qui indemnisera et pensionnera.*

Une prime à l'assassinat des prolétaires, voilà cependant tout ce qu'on pu imaginer, contre les risques toujours croissants du travail, les pseudo-socialistes qui, avec le programme du Parti ouvrier, ont lâché le *cautionnement des patrons.*

Ce cautionnement qui peut seul diminuer, sinon supprimer, les accidents en les rendant trop coûteux pour les employeurs, devrait être versé dans la caisse de la corporation. Et à l'occasion, lors-

qu'il y aurait lieu à indemniser ou à pensionner,
c'est à un jury pris dans la corporation que ce
soin appartiendrait. Aucune fraction de la bourgeoisie, c'est-à-dire de la classe qui ne risque
dans l'industrie que l'existence des autres, n'a
qualité pour évaluer le dommage subi et le
réparer dans la mesure du possible. Les seuls à
savoir le prix d'un bras, d'une jambe ou d'une vie
d'ouvrier, ce sont les ouvriers eux-mêmes.

Art. 10. — L'intervention des ouvriers dans les règlements
spéciaux des divers ateliers : suppression du droit usurpé
par les patrons de frapper d'une pénalité quelconque leurs
ouvriers sous forme d'amendes ou de retenues sur les
salaires (Décret de la Commune du 27 Avril 1871).

La *socialisation* des moyens de production, que
réalisera le Parti ouvrier lorsqu'il se sera emparé
du pouvoir politique, introduira la République
dans l'atelier. Tisseurs, mécaniciens, mineurs,
etc., seront alors les souverains de la mine, des
hauts fourneaux, des fabriques qu'ils exploiteront
et administreront eux-mêmes, faisant les règlements intérieurs, se distribuant le travail, élisant
leurs chefs conducteurs, contremaîtres, ingénieurs, etc.

Mais en attendant cette *républicanisation* des
ateliers, qui ne saurait sortir que de la révolution,
il est une réforme qui pourrait être accomplie du
jour au lendemain, même dans le milieu actuel.
Avant de supprimer la monarchie politique, les
bourgeois l'ont *constitutionnalisée* : au bon plaisir
royal, ils ont substitué des lois fabriquées de
compte à demi par le roi et par la nation ou ses
élus. Ç'a été une première étape — bientôt fran-
chie. Eh bien ! c'est une étape analogue qu'il
s'agit de faire faire à la classe ouvrière. Jusqu'à
ce qu'elle soit en mesure de supprimer la monar-

chie patronale, elle doit la *constitutionnaliser* : au
bon plaisir patronal de la loi de l'atelier, elle
entend substituer des règlements qui soient
l'œuvre combinée du salariant et des salariés.

Sans être la liberté — qui exige la disparition
du patron — cette « intervention des ouvriers dans
les règlements spéciaux des divers ateliers »
sauvegardera leur dignité et leur santé. Combien
de vexations inutiles telles défense de parler, de
fumer, etc., s'évanouiront au seul contact de la
volonté ouvrière mise en mouvement et appelée
à se manifester ! Combien de mesures hygiéniques
négligées ou refusées aujourd'hui par le fabricant
laissé à lui-même s'imposeront demain, lorsque
les intéressés auront voix au chapitre !

Le Parti ouvrier aurait donc trahi les intérêts
de la classe qu'il tend à incarner et à organiser,
s'il avait passé à côté d'un pareil progrès immédiatement réalisable, sans l'inscrire dans son
programme de lutte quotidienne.

Il n'aurait pas été moins coupable s'il n'avait pas
réclamé « la suppression du droit usurpé par les
patrons de frapper d'une pénalité quelconque leurs
ouvriers sous forme d'amendes ou de retenues
sur les salaires ». La Commune de 1871 — c'est-à-
dire le premier gouvernement prolétarien qui ait
existé à Paris, sinon en France — a rendu le 27
avril, en pleine bataille ; un décret dans ce sens.
Et à défaut d'autres considérations, rien que par
respect pour la mémoire de nos grands vaincus
d'il y a treize ans il nous fallait reprendre leur
décret pour l'imposer à leurs vainqueurs de toutes
nuances.

Mais d'autres raisons — et d'ordre moins senti-
mental — militent en faveur de cette suppression
du *droit patronal d'amendes*. Nos maîtres du jour,

les bourgeois, ont-ils assez crié contre *les justices seigneuriales* ? Le spectacle d'hommes qui. par cela seul qu'ils possédaient ou avaient possédé un morceau du sol national, se trouvaient sans la moindre investiture sociale, transformés en justiciers, souvent juge et partie dans leur propre cause, révoltait leur bon sens révolutionnaire ; et la nuit du 4 août 1789 voyait abolir le droit féodal de basse justice. Mais ce qu'ils jugeaient insupportable de la part de l'ancienne aristocratie d'épée leur a paru tellement naturel de la part de la nouvelle aristocratie d'argent, qu'il l'ont laissé fonctionner depuis près d'un siècle. Depuis 1789 des hommes, par cela seul qu'ils possèdent un atelier, des machines, sont admis à se faire justice eux-mêmes. Ils trouvent dans leur qualité de capitaliste ou de patron le droit d'édicter et d'appliquer des pénalités. Chacun d'eux à son code pénal qu'il rédige comme bon lui semble et dont il frappe qui lui plaît. Il y a le code pénal des compagnies de chemin de fer, le code pénal des sociétés métallurgiques, le code pénal de Bréchard ou de Chagot ; et par cela seul qu'ils sont salariés — c'est à-dire volés — d'autres hommes par centaines de mille, ouvriers de Chagot ou de Bréchard, de hauts-fourneaux ou des voies ferrées, deviennent justiciables de tous ces codes privés, ajoutés au code public. Ils sont *condamnables* à merci, au bon plaisir et pour le plus grand profit de ceux qui les emploient et qui au moyen de retenues sur les salaires, recouvrent eux mêmes les amendes qu'ils prononcent. *Législateur. juge, gendarme* et *percepteur,* le patron, collectif ou individuel, est tout cela à la fois — et uniquement parce que patron.

Ce sont ces *justices patronales* qui sont — on vient

de le voir — une aggravation des *justices seigneuriales* d'autrefois auxquelles il s'agit de mettre fin,
non pas même au nom du droit ouvrier — que
seuls les ouvriers maîtres de l'Etat, pourront
organiser — mais au nom du droit bourgeois qui
n'admet d'autre justice que celle qui est fondée
sur une délégation sociale. Plus de retenues ou
d'amendes, ces vols extraordinaires et illégaux
greffés sur le vol ordinaire et légal que représente
le salariat ! Si les patrons ont à se plaindre de la
non exécution par leurs employés du prétendu
« contrat » intervenu entre les deux parties. Il y
a les tribunaux, que diable ! devant lesquels ils
auront à poursuivre. Et ces tribunaux sont trop à
leur discrétion pour qu'ils puissent se refuser à
leur laisser le soin de décider s'il y a eu dommage
et, dans ce cas, de l'évoluer et de le réparer.

Art. 11. — Annulation de tous les contrats ayant aliéné la
propriété publique (banques, chemins de fer, mines, etc.) et
exploitation de tous les ateliers de l'Etat confiée aux ouvriers
qui y travaillent.

Les économistes du laissez faire, laissez passer,
se gendarment avec raison contre l'intervention
de l'Etat dans les opérations économiques ; en
effet, l'Etat n'intervient que pour se faire voler et
pour aider quelques capitalistes à voler la classe
bourgeoise et, cela va sans dire, la classe salariés,
l'éternelle volée. Prenons des exemples :

Banque de France. — L'Etat contribua pour cinq
millions au capital de fondation de la Banque, qui
n'était que de trente millions ; il lui concéda ce
qu'avait vainement réclamé la caisse d'escompte
d'avant 1789 : le droit exclusif de battre monnaie
avec du papier ; et depuis 1848, lorsque les cir-
constances l'exigent, il décrète le cours forcé,
afin de donner une valeur légale à ses chiffons de

papier. — Et quel droit l'Etat s'est-il réservé ? Le droit de se laisser voler dans toutes ses transactions avec la Banque. Après la défaite de 1871, l'Etat dût recourir au crédit de la Banque ; ce crédit n'existait pas ; il dût commencer par le lui donner en établissant le cours forcé des billets de banque : au lieu d'exiger le payement de ce service, l'Etat passa avec elle des contrats qui quatruplèrent ses dividendes. En 1868, la Banque distribua pour chaque action de 1 000 francs un dividende de 90 francs ; en 1871, le dividende distribué s'éleva à 70 francs ; en 1872, à 320 francs, et en 1873 à 360 francs. — La Banque de France fit de l'or avec les misères et les hontes de la France vaincue.

L'Etat n'arma la Banque de privilèges que pour aider le commerce et l'industrie ; mais la Banque, par le surélèvement annuel et arbitraire de son escompte, gêne le commerce et l'industrie et complique les crises commerciales. Les privilèges que la Banque tient de l'Etat lui fournissent le moyen de prélever des dîmes sur la circulation fiduciaire financière.

Chemins de fer. — L'Etat concourut pour des centaines de millions à la construction des chemins de fer ; il garantit l'intérêt d'une partie des capitaux que les compagnies engagèrent dans leur établissement ; il racheta les chemins de fer en faillite et les rétrocéda aux financiers qui les avaient ruinés. Et quel droit l'Etat s'est-il réservé ? Le droit d'homologuer les tarifs de chemins de fer, c'est-à-dire de leur donner une sanction légale. Les capitalistes qui détiennent les chemins de fer s'en servent pour prélever des dîmes sur la circulation des marchandises et des hommes.

Mines. — L'Etat a livré comme propriété indi-

viduelle et perpétuelle des mines qui, sous
l'ancien régime, étaient propriété nationale; afin
de donner une idée du crime commis par l'Etat
bourgeois envers la nation, examinons une concession.

La concession de la Compagnie d'Anzin embrasse
un périmètre de 200 kilomètres carrés; depuis
1874, l'extraction dépasse deux millions de tonnes
de houille par an (1). Les récents calculs entre-
pris pour connaître la richesse probable du
bassin de la Compagnie la porte à environ trois
milliards de tonnes; ce qui, en extrayant trois
millions de tonnes par an, représenterait une
durée de plus de mille ans. Si l'on met la valeur
de la houille au prix moyen de 14 francs la tonne,
et que l'on déduise les 5 francs 50 centimes payés
aux mineurs par tonnes extraites, on trouve que
la Compagnie d'Anzin a reçu de l'Etat, dans le
passé, un don de 15 millions de francs par an et,
dans l'avenir, de 22 milliards et demi.

Et quel droit l'Etat s'est-il réservé? Un droit
annuel de 10 francs par kilomètre carré et de
un centime et demi par tonne de houille extraite.
Ces redevances paraissent exhorbitantes aux
Compagnies; elles les réduisent de près de
50 % par des abonnements. L'aliénation des mines
donne aux Compagnies le pouvoir de prélever
des dîmes sur les industries qui se servent du fer
et de la houille, c est-à-dire sur toutes.

Le Parti ouvrier demande l'annulation pure et
simple de ces contrats qui permettent à une
bande de capitalistes de dépouiller la nation. Le
Parti ouvrier est, en principe, opposé à tout
rachat parce qu'il ne veut pas encourager le vol,

(1) La production de la Compagnie d'Anzin représente le
neuvième de la production totale de la France.

en proposant aux voleurs de la nation de leur
rembourser la valeur des biens qu'ils ont volés;
parce que tout rachat chargerait la trop lourde
Dette publique et fournirait aux financiers une
nouvelle occasion de tripoter et de voler.

Le Parti ouvrier demande l'annulation de ces
contrats non pour que l'Etat bourgeois, rentrant
en possession des mines, de la Banque, etc., et
devenant producteur, les exploite à son tour
ainsi qu'il fait des postes, télégraphes, monnaie,
tabac et autres services publics qu'il monopolise,
mais pour qu'il confie leur exploitation aux
ouvriers qui y travaillent.

L'Etat, dont les communistes et collectivistes
révolutionnaires du Parti ouvrier poursuivent
l'abolition. ne pourra être détruit tant qu'une
classe possédante et incapable de se défendre,
devra être maintenue par la force dont la jouissance de ses biens volés à la classe salariée.
L'Etat n'existe que pour protéger la classe spoliatrice et comprimer la classe spoliée. Toute
absorption d'industrie privée par l'Etat augmente
sa force de protection et de compression. La
supérieure organisation des postes que seul pouvait établir l'Etat, protège les lettres bourgeoises
contre les imperfections, les irrégularités et le
prix élevé de l'ancienne poste privée et permet à
la police d'avoir ses *cabinets noirs* que possède
même l'Angleterre, le pays classique de la liberté
bourgeoise. Ce n'est pas en fortifiant l'Etat par
l'adjonction de nouveaux services publics que
les collectivistes révolutionnaires parviendront
à le désarmer, à le supprimer et à le remplacer
par la dictature révolutionnaire et transitoire du
prolétariat armé.

L'oppression de la classe salariée est tellement

un des attributs de l'Etat, que les producteurs les
plus exploités sont d'ordinaire les ouvriers de ses
ateliers. Que de misères et de douleurs révèlent
les grèves nombreuses et malheureuses des ciga-
rières ! Car il n'est pas possible aux salariés de
l'Etat de le faire capituler, ainsi qu'un simple
patron ou même une compagnie industrielle.
Parfois, pour courtiser la popularité, les politiciens proposent des réformes favorables à la
classe ouvrière : mais jamais ils n'entendent en
faire bénéficier les salariés de l'Etat : ainsi les
opportunistes, emboîtant le pas à Bonaparte,
recommande : la participation des ouvriers aux
profit de leurs patrons ; mais ils n'ont pas encore
songé à faire participer aux bénéfices de l'Etat
les ouvriers des postes, des tabacs, etc. Un mi-
nistre des travaux publics, M. Varroy, appuya
une loi garantissant les employés de chemin de
fer contre le despotisme brutal et grippe sous
des compagnies ; mais il ne comptait pas — il l'a
déclaré en pleine tribune — appliquer cette loi
aux administrations des chemins de fer de l'Etat.
Le programme demande que l'exploitation des
ateliers de l'Etat soit confiée aux ouvriers qui y
travaillent, dans le double but d'améliorer leur
triste position et de démontrer expérimentalement
que sous leur propre initiative et responsabilité
les ouvriers peuvent en entreprendre l'exploitation.

Les services publics monopolisés par l'Etat, s'ils
sont une malédiction pour les ouvriers, sont une
bénédiction pour les budgétivores et de puissants
moyens de corruption pour les hommes au pouvoir : dans les places où la paye est d'autant plus
grande que le travail est plus petit, ils casent
leurs souteneurs de la Chambre et du Sénat, leurs

têtes de colonnes électorales, leurs amis, frères,
cousins, neveux, petits neveux et arrière-petits-
neveux. Les services publics de l'Etat, c'est la
table mise pour les fruits secs et les parasites de
la bourgeoisie.

L'absorption graduelle des industries privées
par l'Etat qui forme le bagage socialiste de pseudo
communistes de pacotille, non seulement accroî-
trait le nombre des salariés que l'Etat exploite,
mais encore supprimerait les troubles sociaux
inhérents à l'exploitation privée ne ces mêmes
industries il est naturel que les conservateurs
essayent d'atténuer et de supprimer les perturbations de la production qu'engendre la rapacité,
l'imprévoyance. l'incapacité, la concurrence effré-
née, les capitaux insuffisants et le crédit limité
des bourgeois qui les possèdent; les communistes
révolutionnaires, au contraire comptent sur ces
crises industrielles et commerciales qui ébranlent
toutes les couches de la société pour préparer les
masses à la révolution sociale. Dans la production
capitaliste, ce qui importe aux socialistes révolutionnaires, c'est la centralisation industrielle et
commerciale. la création de moyens de production
de plus en plus gigantesques et leur possession
par un nombre de plus en plus restreint de capitalistes inutiles et incapables, et non leur mono-
polisation par l'Etat ainsi que l'ambitionnent les
despotes à la Bismarck.

Art. 12. — (a) Abolition de tous les impots indirects et trans-
    formation des impots directs en un impôt progressif sur les
    revenus dépassant 3.000 francs.

(b) Suppression de l'héritage en ligne collatérale et de tout
    héritage en ligne directe dépassant 20.000 francs.

Les impôts dans la société bourgeoise, sont les
charges dont doit s'acquitter tout citoyen envers

l'Etat, pour que celui-ci puisse lui garantir sa personne et sa propriété. Les impôts peuvent se distinguer: en impôt personnel ou impôt du sang, que satisfait le citoyen par le service militaire, et en impôt impersonnel qu'il satisfait par l'abandon d'une partie par ses revenus.

Pour que les impôts fussent établis sur une assiette équitable, chaque citoyen devrait être soldat et abandonner à l'Etat une partie de ses revenus progressivement proportionnelle à leur quantité : si celui qui possède 100 francs abandonne 10 francs, celui qui possède 1.000 francs devrait abandonner 200 francs ; et celui qui possède un million devrait abandonner 400.000 francs.

Les impôts indirects prélevés sur les objets de consommation (pain, viande, vêtements, etc,) empêchent toute distribution équitable de l'impôt. Par exemple l'ouvrier qui mange par jour une livre de pain paie deux fois plus d'impôt que le capitaliste qui n'en consomme qu'une demi-livre : cependant l'impôt indirect prélevé sur la livre de pain de l'ouvrier, l'Etat l'emploie à lui garantir la jouissance de son salaire quotidien de 4, 5, 10 fr., tandis que l'impôt prélevé sur la demi-livre de pain du capitaliste, l'Etat l'emploie à lui garantir la jouissance des revenus quotidiens de ses millions, qui se chiffrent à 50.000 francs, 100.000 fr. ou plus.

L'impôt indirect est un moyen jésuitique de plumer l'ouvrier sans le faire crier, de le faire subvenir sans qu'il s'en doute, aux dépenses qu'occasionnent l'armée, la police, la magistrature, le sénat, la présidence, etc., qui, ne protégeant pas la propriété de l'ouvrier, puisqu'elle n'existe pas, se consacrent exclusivement à la défense des biens de la bourgeoisie.

La bourgeoisie d'avant 1789, concourant pour sa bonne part aux dépenses nécessitées pour la protection des biens de la noblesse, réclamait l'abolition des impôts indirects ; devenue classe régnante, elle les maintient parce qu'ils lui permettent de se décharger, sur la classe ouvrière, d'une grande partie des dépenses qu'exige la conservation de ses biens. — L'impôt sur les vins à Paris donnera une idée de la répartition des impôts indirects entre les différentes classes — L'enquête de 1877 sur la proportion de la consommation des vins à Paris arrive aux résultats suivants : — vins ordinaires 85 0/0 ; vins dits bourgeois 10 0/0 ; vins de luxe à peine 5 0/0 ; par conséquent les vins ordinaires, les seuls que boivent les ouvriers et les petits bourgeois, acquittent cinq fois et demie plus de droits que les vins bourgeois et de luxe, bus par les riches. En 1881 l'impôt sur les vins avait produit 65 millions 572 mille francs ; si la proposition de 1877 n'a pas varié sensiblement, ce qui est probable, les ouvriers et les petits bourgeois ont payé par les vins qu'ils ont consommés 55 millions 736 mille francs, tandis que les riches n'ont payé pour leurs vins que 9 millions 836 mille francs.

Les impôts indirects favorisent si scandaleusement les riches, qu'ils ne peuvent que les trouver les meilleurs du monde et que repousser d'enthousiasme l'impôt progressif qui les obligerait à satisfaire aux charges de l'Etat dans la proportion de leurs revenus et par conséquent dans la proportion du service que leur rend l'Etat en les garantissant.

La classe productive est le dieu créateur de tout ce qui existe ; elle produit et ce qu'elle consomme et ce que gaspillent l'Etat et les capi-

talistes. Plus les producteurs réduiront la part
que prélèvent sur leur travail l'Etat et les capitalistes, et plus grande sera celle qu'ils auront à
consommer. L'abolition des impôts indirects
empêchera l'Etat de partager avec les ouvriers
le misérable salaire que leur laisse la rapacité
patronale; l'impôt progressif, au contraire, forcera
l'Etat à partager avec les prostitués, les valets et
les chiens des capitalistes les revenus qu'ils
dérobent aux salariés. L'abolition des impôts
indirects et l'établissement de l'impôt progressif
réduiraient sûrement le prix des vivres ; s'ils
tombaient aux prix qu'ils sont en Angleterre, les
salariés français pourraient manger plus de
viande et boire un coup de plus. La transformation
des impôts, en permettant aux salariés de mieux
se nourrir, avancera plus la révolution que tous
les discours anarchistes avalés d'affilée.

b) Les bouillants Achille du socialisme fantai-
siste se croient du dernier terrible quand ils
demandent l'abolition de l'héritage. Il y a longtemps que cette terrible abolition n'effraye plus
que ceux qui la réclament Elle pouvait autrefois
donner la chair de poule aux héritiers des propriétaires qui avaient terres au soleil et pignons
sur rue ; mais aujourd'hui que le mourant peut
fourrer sous son oreiller des millions en valeurs
mobilières (actions de compagnies industriel es,
rentes sur l Etat, etc.) pour que le fisc en ignore
et pour que l'héritier les escamote sans crier gare,
on ne peut plus parler de saisir l'héritage des
capitalistes : au pis-aller, pour donner un croc-
en-jambe à une loi décrétant l'abolition de l'héritage, ils n'auraient qu'à imiter les jésuites et qu'à
déposer à l'étranger leurs actions et obligations.
Une loi abolissant l'héritage ne frapperait que les

propriétaires qui, aussi primitivement naifs que les Achille abolitionnistes, ignorent l'existence des *fidéi-commis* et des ventes supposées Les gogos l'ont apprise à leurs dépens, quand. mis sur la paille par un acrobate de la finance qui roule carrosse, ils lancent des huissiers à ses trousses ; ils découvrent que dans l'hôtel du financier ils n'ont droit de rien saisir ; tout, depuis les vins fins de la cave, jusqu'aux housses des fauteuils et à la girouette du toit, tout appartient à Madame, au fils, au frère ou même aux domestiques.

Un gouvernement qui serait assez fort et assez révolutionnaire pour abolir l'héritage, ne serait pas assez niais pour permettre aux Rothschild, aux Jaluzot, aux Chagot. de continuer leur vie durant à voler des salariés qui travaillent dans leurs banques, leurs magasins, leurs mines. Ce gouvernement révolutionnaire couperait le mal à la racine, les exproprierait et nationaliserait leurs moyens de production et d'échange.

En inscrivant dans son programme la suppression de l'héritage, le Parti ouvrier a voulu affirmer qu'il ne respecterait que les propriétés ne dépassant pas 20.000 francs. parce qu'elles sont des moyens de production d'un usage individuel et qu'elles ne servent pas à exploiter d'autres travailleurs.

La bourgeoisie de toute nuance, républicaine et bonapartiste, libre-penseuse et catholique, a pris pour tactique d'ameuter contre le Parti ouvrier les paysans, cultivateurs, les petits industriels et les boutiquiers ; elle agite devant leurs yeux le spectre de la « caserne collectiviste » et du partage des biens. tandis que c est elle qui confisque leurs propriétés par sa terrible concurrence

et ses tours de bâtons financiers et qui les enca-
serne dans les bagnes capitalistes. — Leur salut
est dans la révolution ouvrière.

Un gouvernement révolutionnaire ouvrier, au
lieu de les exproprier sans compensation et de les
lancer brutalement dans un prolétariat sans feu
ni lieu, viendra à leur secours. La transformation
industrielle et commerciale qui, en régime capitaliste, s'accomplit si douloureusement pour les
petites gens, s'accomplira alors à leur profit. Les
conditions de travail et de bien être que les
artisans et les boutiquiers ne peuvent espérer
de trouver dans la société capitaliste, ils les
rencontreront dans les ateliers et les bazars de
la nation, dirigés par les producteurs qui y tra-
vailleront et contrôlés par des administrations
de producteurs locales et nationales. — Voici
comment dans son rapport sur les *Municipalités*,
le Congrès de Roanne a envisagé la conduite à
tenir vis à-vis des paysans :

« Le pouvoir révolutionnaire central... commen-
cera la centralisation agraire ; il expropriera les
propriétaires ne cultivant pas leurs terres, orga-
nisera et armera les prolétaires agricoles... Il
aura à enlever à la réaction son appoint, à gagner
le paysan propriétaire : il y parviendra en abolissant les dettes chirographaires (1), les impôts et
la circonscription, en confisquant et réduisant de
moitié les dettes hypothécaires. en aidant le
paysan propriétaire dans son exploitation, en lui
fournissant le crédit des machines, des engrais,
des semences, des bestiaux à engraisser, etc., et
en lui permettant d'acquitter sa dette avec ses

_____

(1) Les dettes chirographaires sont des dettes où l'emprun-
teur ne donne aucun objet en garantie, mais sa signature au
bas des billets.

produits. Le gouvernement révolutionnaire ouvrier sera le seul gouvernement qui, depuis Louis XIV, aura essayé d'améliorer le sort des paysans propriétaires, trahis et bernés par tous les gouvernements bourgeois qui se sont succédés en France depuis 1789.

IMPRIMERIE

DU

PARTI OUVRIER

28, Rue de Fives, 28

LILLE

IMPRIMÉS EN TOUS GENRES

SPÉCIALITÉ

DE

JOURNAUX ET BROCHURES

TABLE DES MATIÈRES

		Pages
Note des auteurs	. . . . . .	6
Texte du Programme	. . . . . .	7
Considérants	. . . .	11

PARTIE POLITIQUE

Article 1er	. . . .	32
— 2	. . . .	37
— 3	. . . .	41
— 4	. . . .	44
— 5	. . . .	48

PARTIE ÉCONOMIQUE

Article 1er	. . . .	52
— 2	. . . .	58
— 3	. . . .	59
— 4	. . . .	61
— 5	. . . .	65
— 6	. . . .	69
— 7	. . . .	72
— 8	. . . .	74
— 9	. . . .	76
— 10	. . . .	79
— 11	. . . .	82
— 12	. . . .	87